子どもの一生を決める おうちお金教育

ファイナンシャル・プランナー
たけやきみこ=著
大原由軌子=絵

はじめに

家庭でタブーとされがちなものが、性教育とお金の教育です。
本当はとても重要なことなのに、このふたつに関しては避けがち、
というご家庭は多いのではないでしょうか。
とはいえ、私たち親も限られた情報や経験しかなく、
何が正しいかわからずにいるのが現実だと思います。

お金の正しい知識やお金に対するオリジナルの考え方を持つことは、
子どもが自分の人生設計を考えるうえで助けになる
とても頼れるアイテムになります。

わが家の長女は、大学卒業と同時にお金の教育も卒業しました。
現在、社会人となってお金を稼ぎ、税金を払い、
そして、人生設計についても考えながら生きています。

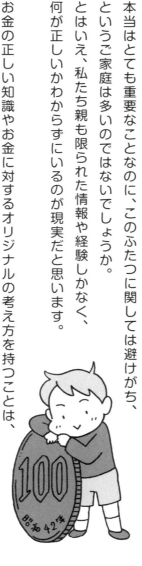

わが家のお金の教育の効果がどのようにみられるのかはこれからです。
お金の教育には正解がありません。
だからこそ、親がその子に合った教育方針を考え、
ぶれずに実践することが大切です。

本書では、子育てにお金の教育を取り入れて、
子どもの特性に合った教育方針を
見つけてほしいということをお伝えしています。
特別なものとは捉えずに、
子育て中の家庭でできる
「お金の教育」と考えてみてください。

ところで、「お金の教育なんてなんだか難しそう」と、
感じていませんか？
この本で提案しているのは、毎日の生活のなかで
おこづかいや貯金、家事のお手伝いなどを通じて、
お金と人生、お金と世の中の関係や仕組みを

無理なく自然に教えていく方法です。

わが家では、長女は小学2年生から、
長男は小学1年生からお金の教育を始めました。
まず取り入れたのが「おこづかい制度」です。
最初は、おこづかいを働いた対価としてもらえる
「おだちん制」からスタート。
そして、半年から1年くらい経ったところで、
「定額制」に移行しました。

わが家では、おだちん制を「アルバイト生」と呼び、
定額制を「正社員」と呼んでいました。
アルバイト生から正社員になれた日のことは
今でも忘れません。
なぜかというと、子どもの大喜びする反応とその笑顔が
予想以上だったことに驚いたからです。
子どもにとっては、「自分のことを認めてくれた！」

「ちゃんと見てくれているんだ！」と実感する体験だったのだと思います。
まさに、お金の教育は親にしかできないし、おうちだからこそ
子育てのなかで実践できる教育だと思うのです。
学校の先生でもない、友達でもない、身近にいる親だからこそ、
子どものことを一番理解できて、その成長に気づけるのです。

子どもの特性をよく見て、
子どものお金に対する素直な気持ちや行動を
全身で受け止めてあげてください。
しっかりと受け止めてもらえた子どもは、いずれ社会に出たとき、
自分を信じて、希望に向かって生きていけるようになるでしょう。
この本が、子どもたちのそんな「生きる力」を育てる
ヒントになればうれしいです。

たけやきみこ

何歳くらいにどんなおうちお金教育をすればいいの？

お金の教育は、子どもの体や心の発達とリンクします。そこで、成長とともにできるようになること＆心の動きにそって、いつどんなお金の教育をすればいいか、ありがちなトラブルなどのおおよその目安を一覧表にしてみました。わが子の性格や発達状況を見極めながら、教えるペースの目安として参考にしてください。

体と心の変化

●硬貨とお札の違いがわかるようになる

おうちお金教育

＊子どもがお金に興味があれば、就学前にできるものから始めてもよいでしょう。

●お買い物ごっこなどでお金のやりとりに興味を持たせる

●ごく近所で、おつりの出ない簡単なおつかいをさせる

ありがちなトラブル

●計算ができず、おつりをまちがえる

●おつかいで頼んだ物とちがう物を買ってくる

●買ってほしい物があるとだだをこねる

小学校低学年（1、2年生）

- 小学校に入学。自立心が芽生え始める
- 1円、5円、10円、50円、100円、500円玉のちがいがわかるようになる
- 足し算、引き算、簡単なかけ算ができるようになる
- 自分で自分の荷物を管理できるようになる（近所のおつかいぐらいなら、お財布をなくさずに持ち帰る）
- 車に注意して道を歩けるようになる

- おつりが出るおつかいをさせる
- おだちん制を開始（P34）
- おこづかいの中で、やりくりさせるものを決める
- KANRI箱を作る（P51）
- 定額制を開始。子どもによっては小学校中学年から始めてOK！（P42）
- 習いごとや給食費など子育てにかかっているお金について子どもに話をする（P56）

- お金を落としたり、なくしたりする
- おこづかいをすぐ使ってしまう

小学校中学年（3、4年生）

体と心の変化

- 足し算や引き算だけでなく、かけ算、割り算もできるようになる
- 友達同士で遊びに行くことが多くなり、行動範囲が広がる
- 約束を守れるようになる
- 悪知恵がついてくる
- 言わなくてもいいことは親に話さなくなる
- 友達関係が密になり、親に秘密ができてくる
- グループ行動が多くなる

おうちお金教育

- おこづかいの値上げを要求してきたら、値上げしてほしい理由を説明させる（P76）
- 子どもに応じて、おこづかいでやりくりするものを少しずつ増やす
- 働くことの素晴らしさを教える（P98）
- ふだんのお金と貯金のちがいを教える（P144）
- 将来の夢の話が出たらライフプランについて一緒に考える（P154）

ありがちなトラブル

- 上級生からお金や物を要求される
- 友達のお金や物を盗む、盗まれる
- おつかいのおつりで、お願いしていない物まで買ってしまう
- ゲームソフトの貸し借りをして、なくしたり壊したりする
- オンラインゲームの課金をしたがる

小学校高学年（5、6年生）

- おおかたの家事がこなせるようになる
- いじめられたりいじめたりといった友達間のトラブルが増える
- 親への反抗が始まり、無口になる
- 複雑な計算ができるようになる
- あこがれの人や職業に興味を持ち始める
- 体が成長し、大人になる準備に入る
- 外見や学習面で個々に差が出てくる

- 予算を決めておつかいをさせる（1000円でカレーの材料を買うなど）
- 高額でも欲しい物なら自分で買わせる（P128）
- KANRI箱の卒業
- 将来の夢について、実際にかかるお金や進む道を一緒に考える
- 熱中できる趣味があれば応援してあげる
- 親の仕事について話をする

- 悪気はないが、お金を盗む
- おつかいのお金をごまかす
- おこづかいの前借りをしようとする

＊行動範囲が広がるため、親の見えないところでトラブルが起こる可能性も。低・中学年に比べて、ひとつのトラブルが大きくなる傾向に

contents

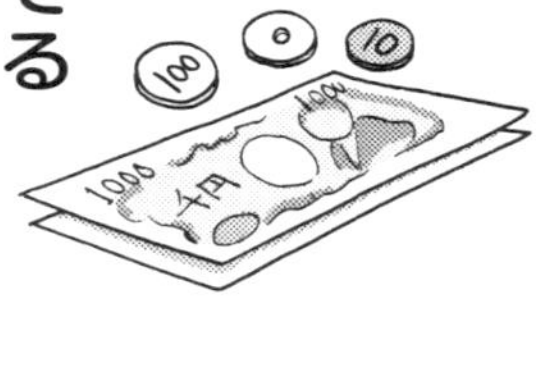

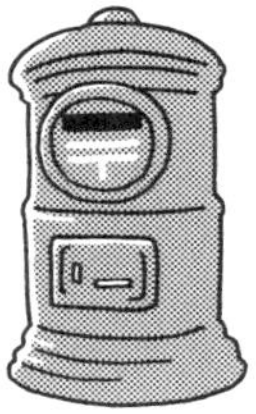

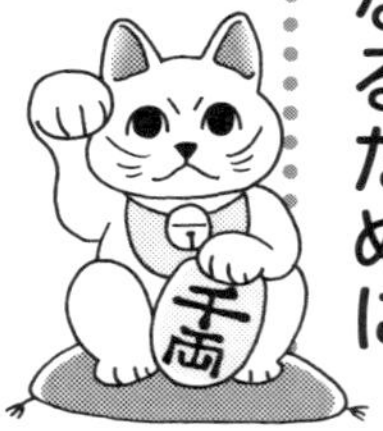

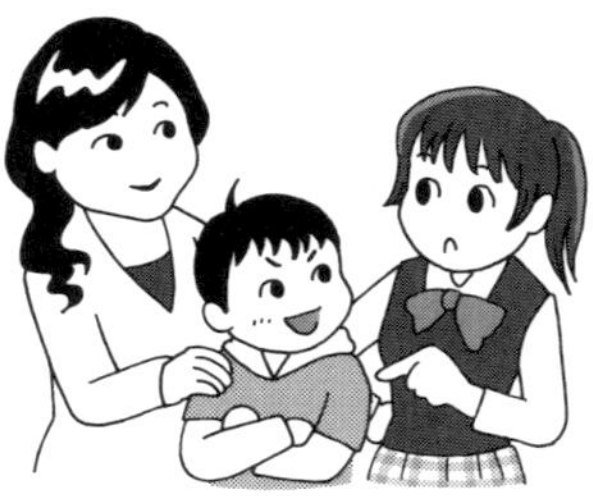

ブックデザイン ● アルビレオ
編集協力 ● RIKA（チア・アップ）

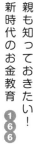

小学校低学年の時期の
おうち
お金教育

1章

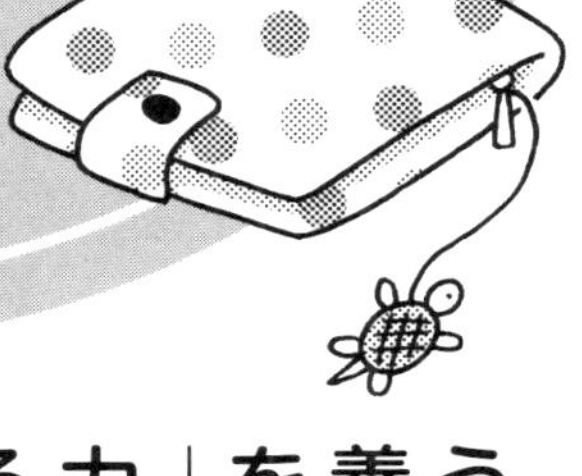

おこづかいで「生きる力」を養う

おこづかいってどんなふうに
始めたらいいのか悩んでいませんか？
この章では、上手におこづかいを始める方法と、
おこづかいを通して育つ
さまざまな力についてお話しします。

お金にいいイメージを与えよう

小学校低学年の時期は、まだお金との触れ合いはほとんどなく、お金を持たせたこともない家庭が多いはずです。でも、「子どもにお金の話なんてまだ早い」と思っているのは親だけ。子どもは親の買い物やお金のやり取りに興味津々です。

レジで支払うお札がお釣りになって返ってくる様は、子どもの目にはお金が増えたと映ります。銀行のATMは、まさにお金の製造マシーンだと思っていることでしょう。

この時期の子どもは、親の行動をよく見ています。そんな視線を感じたら、買い物の仕組みやお金の種類などを教えてあげましょう。

就学前と比べると、その成長に目を見張ることでしょう。親には何でも話したいおしゃべりな一面も成長のしるし。一方で、我慢することが苦手です。問題行動を起こしてしまう子もいるかもしれません。そのときはどうしていけないのか、家庭でしつけをすることが大切。そして、我慢ができたら、しっかりほめてください。

お金とのかかわりは、まず「おこづかい制度」から始めます。いろいろなことに興味を持つ年齢だからこそ、楽しくスタートしましょう。

買い物の計画やお金の管理は、上手にできなくてもいいのです。おこづかいを始めたら、たくさんほめてあげてくださいね。

「お金っていいいな♪」「お金が大好き！」と思ってくれることが、一番大切なことです。

伝　え　る　こ　と　リ　ス　ト

おうちお金教育として、この時期に、
これだけは教えておきたいことをリストにしました。
子どもの特性に合ったやり方で、
子どもの心にすっと入っていくように
教えてあげましょう。

□ 欲しいものすべては、手に入らない

□ お金の役割は「価値をはかる」
「欲しいものと交換できる」「貯める」の３つ

□ その３つのおかげで、便利な生活ができている

□ おこづかいは、自分が自由に使っていいお金

□ おこづかいの金額は、やりくりができる範囲までにする

□ おうちの方針でおこづかいを始めたことを友達に伝える

□ 物やお金をたくさん持っているから幸せだとは限らない

□ お金は鍵のかかるところに保管する

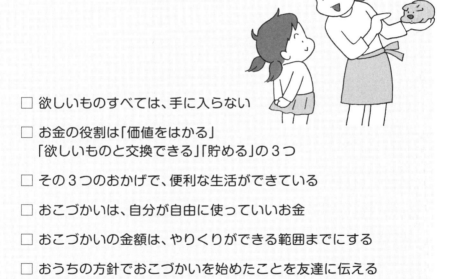

episode 1

見たものを何でも欲しがるくせにすぐあきる!

ミホちゃんのママ
ミホちゃん
小学1年生
キラキラへんしんセット

おもちゃのしまむら
先着100台限り!
ままごっち
ママ～!!
ままごっちが売ってる!!
ずっと売り切れだったやつ
ミホ これ欲し～い!!
ダダダーッ
またか……
でもこれ「先着100台限り」って書いてあるから並ばないと手に入らないよ
でもずっと探してたやつなんだよ～
あきらめようよ～
すっごい朝早くから並ばないといけないんだよ～
早く起きればいいじゃん!
欲しいの!!
絶対欲しい～!!
バン
バン

うわ〜ん
ママのなまけもの〜!!
バカバカバカ〜
欲しいったら欲しいんだよぉぉぉ〜
キーン!!
子どもに泣かれたりダダをこねられたりすると面倒ですよね
うるさいなぁ〜!!
もう！わかったから！
明日朝から並ぶから！
うわ〜ん
それで買い与えてしまう親も多いのですが——
これを繰り返すと
泣けば買ってくれる
とわかってわざと泣くお子さんもいます
子どもは親の対応をよく見極めているのです
うっ……また負けてしまった……
ママにも遊ばせてあげるからね〜♪
翌日——
ニコニコニコ
ぐったり
ママ〜♪ちゃんと買えてよかったね〜
…うん…長蛇の列を見たときと
整理番号が99番って知ったときは青くなったけどね

大変な思いをして手に入れたんだから
ちゃんと大事にするんだよ！
うん！
ありがとうママ
ピコピコ
あ〜ご飯食べたら
キャハハハハッ
楽しそうに遊んでるし…
買ってあげて正解だったかな……
1週間後
ピーーッ
ピーーッ
……
ピーッ
ピーッ
ミホ
ままごっちで遊ばないの？
ピーピー鳴いてんだけど
うん
今 こっちの人形で遊んでるから
……
ピーピーッ
人形といえば……
あっ
人形といえば!?
ピーッ ピーッ

ナナちゃんちにおしゃべりするネコの人形があってさ〜
ミホその人形で遊びたいな〜って
一緒におしゃべりできるんだよ〜
ね〜〜ママ
ミホその人形欲し〜い♡
欲しい
欲し〜い♡
ブルブルブルブル…
ミホッ!!
この前ままごっちが欲しいからって買ったばかりじゃない!!
なのにたった1週間で見向きもしないで
次は人形だぁ!?
いい加減にしなさいっ!!
もうママ
ままごっち捨てちゃうからね!!
バッ
はいっ！
も――捨てた!!
ポスッ
キャ〜!!
子どもが欲しいと言うから買ったのに大事にしていない様子を見ると
親としては腹が立ってつい「捨てちゃうよ！」と言いがちですよね

でも子どもはすべてわかっています
うわぁぁ
はぁはぁはぁ
「捨てちゃうよ」と言いつつ
わぁぁ〜ん
そ〜…
実際は「捨ててない」ということを
うえええ〜ん
そ〜…
サッ
だから
物を大事にしなくなる
という悪循環が生まれます
ポツン……
ミホ
さっきはママちょっと怒りすぎたね

でもさ
せっかく並んで やっと 手に入れた ままごっちが
もっと大切に してほしかった よ～～！
って泣いてるよ
ままごっち 泣いてるの？
ポロ ポロ ポロ…
物があふれる 今の時代
周りを見れば 欲しいものだらけ だけど
すべてが 手に入るわけでは ないのですから ガマンを覚えさせる ことも大切です
そのためにも いつでも買い与える のではなくて
「おもちゃを 買うのは誕生日と クリスマスだけで それ以外のときは ガマンする」
というしつけの 方針をあらかじめ 立てておくと いいでしょう

そしてその方針を決めたら
♪ぐるぐるアイスマシーン新発売!!
親もそれを守る強さが必要です
ママ〜今のCM見てた？
子どもでも作れるアイスのおもちゃだって♪
ミホ欲し〜い
そうだね
おもしろそうだよね
そんなに欲しいなら今度の誕生日に買ってあげようか？
ほんとに〜？買って！買って〜!!
うん
じゃあ本当にこれでいいのかよく考えておいて
あ〜!!
ママ!!これ見て〜!!
くるっ
ひめちゃんシリーズの自転車だって！
やっぱりこっちも欲しいよぉ〜
あ〜でもアイスも……
あ、やっぱり自転車が
ミホの成長を信じて……
ここはひたすらガマン…
長い目で見守ってあげなきゃ…
ぷるぷるぷる
ねっ！
ねっ!?

ガマンを覚えさせることも大事！

子どもの「欲しい欲しい癖」を発生させせないためには、まず欲しがる原因となるものを取り除くことです。チラシを見れば欲しがる子ならチラシは見せない、おもちゃ屋さんに行くと買ってくれるまでグズグズする子なら、おもちゃ屋さんには行かない……。親も子どもにねだられなくてすむし、子どももグズグズしなくてすむので、お互いが楽になります。

子どもが欲しいと言ったおもちゃやゲームソフトなどをすぐに買い与えるご家庭もありますが、私個人の意見としては、何でも買い与えることは危険なことだと思っています。何でも手に入る生活を子どものころに経験してしまうと、大人になってもガマンすることができなくなるからです。

実際、手元にお金がなくても、クレジットカードで無計画に買い物をしている大人も大勢います。このような習慣がつくと、なかなかクレジットのローンから抜けられなくなり、多重債務に苦しむことになるかもしれません。

欲しいものは何でも手に入るわけではないのですから、わが子がそうならないように、子どものころからガマンを覚えさせることは大事です。

グズグズされるのが面倒という理由で買い与えていない？

また、せっかく買ってあげてもすぐ興味をなくしてしまうのは、欲しいものを手にすることが目的ではなく、買ってもらうことが目的になっている可能性もあります。

何かを買ってもらったときは、誰でもうれしいものですが、そのうれしさを味わいたいがために、何でも買ってもらおうとするのかもしれません。大人で言えば「買い物中毒」と似ています。そうならないためにも、ぜひ、買ってもいい日（誕生日やクリスマスなど）を決めて、それ以外は買い与えないことです。

じつは、子どもが欲しいと言うと何でも買い与えている親の多くが、「グズグズされると面倒だから」「買い与えたほうが楽だから」という理由だったりします。

しかし、本当に子どもの将来を思うなら、親のガマンも大事。子どもにガマンさせるのはかわいそうと思う方もいますが、子どものガマンは親が考えているほど辛いものではなく、何かの拍子に気分転換するきっかけさえつかめば、すぐに気が変わってしまうもの。本当に辛いのは、見ている親のほうだったりするものです。

だからこそ、買うと決めた日以外は買わない——といった親の強い意志が大切になるのです。

最初は買ってあげないことでグズグズされることもあるでしょう。そんなときは怒ったりせずに、放っておきましょう。子どもは大人とちがって、あとあとまで嫌な気分を引きずることがありません。大人が思う以上に強いものですから、わが子の成長を信じて見守っていきましょう。

おうちお金教育が成功する法則1

買ってあげる日を決めたら、親もそれを守る強い意志を持つ

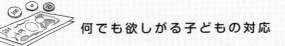

episode 2

子どもにおこづかいって本当に必要？

でも みなさんはなぜ 子どもにおこづかいを あげるのでしょうか
クラスの カズ君って おこづかい500円 もらってるんだって
いいなぁ〜 カズくん いいなぁ〜
チラッ
わらった赤おに
みんなが あげてるから?
うっ
いいなぁ
この ぬいぐるみ 欲しいなぁ……
はぁぁぁ〜
子どもにも 少しくらい 自由なお金が ないと かわいそう だから?
キュ〜ン
ママ〜 お菓子 買うから 50円ちょうだい!
しょうがないなぁ〜
50円なら いっか!
おこづかいを 欲しいって 言ってきたときに あげたほうが 楽だから?
もし そんな理由で おこづかいを あげていたら…
もったいない!!

なぜなら
おこづかいは
お金の教育を
始める
最高の
チャンスだから
です
えっ?
おこづかいを
始めると――
あと30円で
目標の
500円に
なる!
ヘッヘッヘッ
あと30円〜〜!!
ちょきん
ワク
ワク
この前
お菓子を
買わな
かったら
この本
買えたのに〜
くやし〜〜い!
お金を
通して
いろいろな感情を
味わいます
あ〜〜〜!!
おつり
少ないよ!?
レジのおじさん
まちがえちゃった
のかなぁ
こうした感情を
味わうことで
あと30円!
がんばるぞ〜
ワクワク
お菓子なんて
食べたら
消えちゃうのに〜
クヨクヨ
ボクが算数
できないからだ〜
メソメソ
お金との
かかわり方を
学び
正しい
金銭感覚を
身につけることが
できるのです

……
カシャ
カシャ
カシャ
はいっ! 7200円のお買い上げです
あ〜 う〜
カイ
今年から小学生になったし
そろそろおこづかい始めてみようか
えっ? 本当!?
子どもが小学校に入学したら
おこづかいをあげるチャンスです
保育園 幼稚園時代とはちがって
ひとりで学校に通ったり——
このあと遊ばない?
宿題終わらせてからでないとダメだってママが
友達と約束をして遊んだりなど
わかった! じゃあボクも終わらせる!
うん! じゃあそのあとで
自分で自分のことができるようになる時期
この場所に集合ね! バイバ〜イ

子どもの生活面での自立が始まるこの時期は
早く宿題終わらせて
いっぱい遊ぶぞ〜
時間のやりくり中
お金のやりくりをさせると
意欲的に取り組んでくれることが多いのです
だってカイは1年前にくらべて
自分のことを自分でできるようになったじゃない
だからお金のやりくりだって
きっとできるよ
うん♪
ボクやってみるよ〜♪
ワーイ

おこづかいの必要性について

おこづかいで「おうちお金教育」をスタートしよう!

おこづかいは、私たちが子どものころからあるものです。この昔ながらのおこづかいをお金の教育に活用することができます。

お金については家庭によってさまざまな考え方がありますから、おこづかいをあげるかどうかの最終判断は親がすることです。

しかし、お金教育を実践してきた私の意見としては、ぜひ、お子さんにおこづかいを始めるチャンスを与えてあげてほしいのです。なぜなら、おこづかいという体験を通して、子どもに「生きる力」を与えることができるからです。

小さな子どもにとって、お金は欲しいものが何でも買える魔法のツールに映りますが、欲しいものはそう簡単に手に入るとは限りません。ガマンをしたり、ときには悔しい思いをしたりして、やっと手に入れられるうれしさを感じたりするものです。

マンガの中でもお話しした通り、お金を通してさまざまな感情を味わえるのが、おこづかいの醍醐味です。そんなせっかくの機会に、何もしないでいるのは「もったいない！」の一言に尽きると思うのです。

子どもにお金のやりくりをさせてみよう

おこづかいを始める時期は、自立心が芽生える小学校入学時がベストですが、しっかり者のお子さんもいれば、まだまだ甘えん坊のお子さんもいます。

親としては「うちの子は、おこづかいなんて、まだ無理」（100円と10円のちがいがよくわからない、無計画すぎるなど）と思いがちですが、最初から「できない」と決めつけずに、まずはおこづかいにトライしてみましょう。基本的には、子どもがお金や買い物に興味を持ったら始めてOK！　もちろん就学前にスタートしてもかまいません。

多少、失敗したとしても大丈夫。このころのお金の失敗は、おつりをまちがえたり、お金を落としたりするぐらいで、親が十分にカバーできる程度のものです。

それに、おこづかいを機に、がんばってお金のやりくりをしてくれるようになる子もいます。子どもの可能性は無限大なのです。

おこづかいは正しい金銭感覚を育てる

ただし、おこづかいの開始時期は、遅くとも小学生、できれば低学年のうちにしましょう。7～12歳はとても多感で、お金に関してもさまざまな経験、感情を味わうことで心が育ち、正しい金銭感覚を育てることができる最適な時期だからです。

それに、親の言うことを素直に聞いてくれるのも12歳くらいまででしょう。中学生にもなると、照れや反抗心など思春期特有の心の動きが加わるので、親の言うことを素直に聞いてくれなくなってしまいます。そうなると、お金の教育もうまくいきません。

おこづかいを機に、お子さんが正しくお金と向き合える土台作りを、ぜひサポートしてあげましょう。

おうちお金教育が成功する法則2

おこづかいは小学校低学年のうちに始めよう！

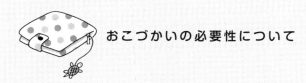

おだちん制はどうやって始める?

ヒロシ君のママ
ヒロシ君
小学1年生

あなたはどんなふうにおこづかいをあげていますか?
me?
おこづかいは
草むしり終わった~
はいっ 10円
「おだちん制」と
今月のおこづかいね
わーい♪
やったやった~
「定額制」の2種類がありますが――
最初は「おだちん制」から始めるのがおすすめ
おだちん制は
仕事をしたらすぐにお金がもらえるんだ――!!
「お金は労働の対価としてもらえる」ということを教えることができるからです

ママ〜
お風呂そうじしたよ!
おだちんちょうだい!
どれどれ
ドキドキ
キュッキュッ
きれいにそうじできたね〜
今日はヒロシのおかげで
気持ちのいいお風呂に入れそう!
ありがとう
はい
約束のおだちん
10円ね
報酬はすぐにわたしましょう
よくできたときはしっかりほめて「ありがとう」の言葉も忘れずに
チャリーン
お金ってこんなに重いんだ……
重いっ!!
ズシッ!!
おだちん制の基本は
おだちんをもらう仕事(お手伝い)を子どもが自分で決めること
はぁ〜……疲れちゃった〜
ゴミ出しだれかやってくれないかなぁ〜……
チロ
!

そして その仕事を親に 申請し——
これからは ボクが……
え～ ホントウ?
♪～
親との交渉が 成立すれば……
その か・わ・り ♡
うんうん
じゃあ１回 10円で……
契約成立 です
了解!
がんばって!
おだちん制が 上手にできるように なると
わーっ!!
今月の このマンガ、ふろくスゲー!! ぜったい欲しい～い♪
うっ!!
100円 足りない!
お金が不足して 困ったとき——
自分で仕事を 見つけてくるように なります
ママ～♪ くつ、みがいたよ～
げっ
き…汚い…
あ… ありがとう はい10円
やったぁぁ♪
これだけ 働いても まだ足りない…
お金を かせぐって 大変!!
ハァ ハァ

でもときどき こんなことも 起こります
あれ? 今日は お風呂そうじは してくれないの?
ゴロゴロ…
はぁ〜 ダラダラ ダラ…
はぁ〜 ダラダラ…
終わったよ〜
もう!?
案の定 きれいに なってない…
今日は 汚れが落ちて ないから
おだちんは あげられ ないよ
えっ!?
ボク、ちゃんと やったよ!
ここで グズグズに負けて お金をあげて しまっては いけません
ちゃんと やったのにぃ〜
グズ
ママの いじわるぅぅ〜
グズ
グズ
がまん…
あのね ヒロシちゃん
よく聞いて
仕事は最後まで 責任を持って やるんだよ
汚かったら そうじしたことに ならないの!
このことが 大事なのです

おだちん制を始めると
いえいえ、必要な分だけあればワタシは……
子どもなのに足《た》るを知ってる…なんて奥ゆかしい
お金を目の前にしたときの子どもの反応を
いち早く発見できます
うへへへへ……
120円～130円～～
何度かぞえても130円～～…
えい～
なかでもよく聞かれるお母さん方の心配事は――
お金をもらわないとお手伝いをしなくなりそう！
うん
うん
うん
――というもの
ちょっと新聞とってきてくれないかなぁ～
いくらくれる？
くれなきゃやんない
親としては心配になりますが
それも人間らしい部分です
ヒロシちゃんや…ちょっと頼みたいんじゃが…
いくらくれる？
このような性格は大人になってもそう簡単に変わりません
やだ～!!

だからこそ
……
ほう
じゃあママも ヒロシがお金 くれなきゃ
ご飯 作らない〜っと
それを 早い時期に 知って
お金の教育を しておくほうが 安心だと思うのです
えっ!?
きっといつか
ママ…? ちょっと待って!
スタスタスタ
たくさんの人に 支えられて 生きているという 感謝の気持ちや
お金の ありがたみを 感じられるように なると信じて
わ〜〜ママ ごめんなさい〜
根気よく お金の教育を していくこと
そして
成長は 子どもによって 差があるので
…新聞 とってくるね
うんうん よろしくね
すぐに結論を 出そうと 焦らないこと
――それが 大切なこと なのです

おだちん制で
お金を稼ぐ意味を理解させる

おだちん制のいいところは、子どもが自ら仕事を見つけて、その仕事を通して労働の対価を得る意味を学べる点です。自ら仕事を見つけることで、家族のために役に立とうと思う気持ちを育てることもできます。

基本は1仕事10円。事前の約束が必要ですが、緊急を要するような仕事であれば、10円でなくてもかまいません。いきなりまとまったお金をもらうよりも、毎日少しずつ貯まっていくので、お金の重みを実感できるでしょう。

また、毎月読みたいマンガを買うためなど、おだちんをもらう目的を持たせましょう。

おだちん制を始めたら、ぜひ約束してほしいことがあります。それは「仕事が中途半端ならおだちんはあげない」ということ。「仕事というものはいい加減に終わらせてはいけない」ということを、おだちん制を通して学ばせてあげてほしいのです。

お金と向き合うことで子どもの本質がわかる！

おだちん制を始めて子どもがお金と向き合うようになると、親が知らない子どものお金に対するリアルな表情、感情、行動に出会えるようになります。「うちの子、こんなにケチだったの？」「お金のためにそこまでするなんて！」などと驚くこともあるかもしれませんが、それもわが子の本当の姿ですから認めてあげてください。

例えば、マンガのエピソードのように、「お金をもらわないと働かない」というタイプの子も出てきます。そのときは、家事は誰もがやるべき仕事で、おだちんはお金の意味を教えるためにしていることだと子どもに説明しましょう。そうすれば、お金をもらわないと働かないといった時期はそう長くは続きません。安心しておだちん制を続けて大丈夫です。

おうちお金教育が成功する法則3

事前に約束した仕事の出来が中途半端なら おだちんはあげない

おこづかいって毎月いくらあげる？何を買わせる？

サヤカなら決まったお金の中でやりくりできるんじゃないかって思うんだ
しっかりしてきたなぁって感心してるのよ
ホント!?
今までの功績をたくさんほめてあげることも大切
私がんばるから
子どもは自分が少し大人になったかのように喜びます
わーい! アイちゃんに話してこよ〜っと!
ニコ ニコ ニコ
とはいうものの…
いくらあげればいいのかな?
え〜っと…
今までおだちん制で毎日だいたい10円ずつ稼いでて〜月、約300円だったから〜300…
ブツ ブツ ブツ
300円!?
そして翌日——
はい
今月のおこづかい300円ね
300円も!?
ありがとう! ママ
大事に使うね

HAMADA デパート
これ CMでやってたやつだ～
ドーナツのアクセサリーが作れるやつ
お菓
ワゴンSale
どれでも100円
味
ママ～ サヤカ これ欲しいなぁ
この間あげたおこづかいで買ってね
…だって全部使っちゃったんだもん……
ボソ
ボソ
100円のお菓子くらい買ってくれてもいいじゃん
ん？
100円のお菓子くらい買ってくれてもいいじゃん
あ～もう！
100円くらいしょうがないか
わかったわかった
ピカピカ シール
か……かわい～い♡
ぶる ぶる ぶる

ねえ　ママ
このシール
かわいくない？
すっごく
かわいいよね♪
買って　買って！
え～？
おこづかい
貯まるまで
待ってたら？
みんな持ってて
私だけ持って
ないと
シールの交換が
できないんだよ
グズ
グズ
あ～もう！
100円くらい
しょうがないか
わかった
わかった
キャー!!
やった～
ラッキー♪
しまった！
2つとも
買って
しまった！
ハッ
なんか
おこづかいの
意味が
よく
わかんなく
なってきた
定額制にするときに
重要なことは
おこづかいの中で
やりくりするものを
事前に決めておくこと
そこでまず初めに
おこづかいで
買いたいものを
子どもに
書き出して
もらいましょう
欲しいもの？
雑誌でしょ～
カラーペンと～
消しゴムと～
あとプリクラ
でしょ？
その中で子どもが
管理できそうな
ものを任せます
じゃあ　サヤカが
よく買う文房具を
おこづかいで
やりくりして
みるっていうのは
どう？
文房具？

うん
シール　ペン
メモ帳
レターセット
ねり消しとか…
学校で使う
文房具はママが
買ってあげる
じゃあ
雑誌とか
お菓子とかは
どうするの？
それはママが
判断して
買ってあげる
から
それなら
おこづかいは
いくらに
なるの？
そうねぇ
ママは
サヤカの欲しい
文房具に　毎月
200円くらい
使ってるから
ひと月
200円で
どう？
定額制の
ポイントは
決まった額を
決まった期間の中で
やりくりすること
小学校低学年の
うちは
欲しいものを
おこづかいですべて
まかなおうとしても
管理ができないので
使わない
ときは
貯めておく
んだよ
うん
わかった
それなら
できそう！
まずは
何かひとつだけ
管理させて
みましょう

うわっ！アメちゃんこののりすっごいかわい〜〜！
昨日ママに買ってもらったの〜♪
いいなぁ〜私も欲し〜い
あのね、このノリにおいもすっごくいいの〜♪
え〜⁉マジで⁉
わっ‼ほんとだ〜
その日の放課後――
カラーペ
サヤカ〜ママお魚見てくるね
は〜〜い
¥170
うわ〜‼このキャラアイちゃんが持ってたのと同じだ〜
かわい〜い♪
¥100
スティックのり
普通ののりはキャラのやつより70円も安い……
う〜ん…
おこづかいが少なくなっちゃう！
のりは普通のやつに決めた！
管理することがわかってきたら
子どもと相談しながら少しずつやりくりするものを増やしていきましょう

ただし欲しいものの全額をわたす必要はありません
大人だって欲しいものを全部買えるわけではないのですから
あげる金額は欲しいものの50～70％で十分
うわ～～！
大好きなブランドの新しいシリーズが出てる～
ingo!!
欲し～い
店ごと欲し～い
うわ～あ!!
これかわい～い♡
これ買うと欲しかったぷちぷちシールが買えなくなっちゃう!!
あ～でも!!
う～！だけどだけど
欲しいものの全部は手に入らないということ
このペンもすっごくすっごく欲しいんだけど…
欲しいものには優先順位をつけることをわからせることも大切なのです
すりすり
やっぱりぷちぷちシールにしよう
ス…
えらい！
ガマンしたごほうびに何か買ってあげたいけど……
それもガマンガマン！

子どもが買うものと親が買うものはしっかり線引きする

おこづかいは、おだちん制から定額制に移行するのがおすすめですが、おだちん制を利用しないで、初めから定額制にする場合もあるでしょう。

定額制の場合、おだちん制とちがって、労働の対価でお金をもらえるという実感が薄れるので、家族の一員として仕事（お手伝い）をする代わりにおこづかいをもらえること、お金の教育のために定額制を始めることを子どもに話しましょう。

また、毎月お金をもらえることが当たり前にならないように、おこづかいは決まった額でやりくりしている家計の中から出していることをわからせることも重要です。

定額制では、子どもがおこづかいの中でやりくりできるものを決めて、「これは子どもが買うもの」「それ以外は親が買うもの」というふうに、しっかり線引きをしましょう。ここがハッキリしていないと、「今日買ってくれたから、きっと今度も買ってくれるだろう」とあとでトラブルになりやすいからです。

子どもがおこづかいの中でやりくりするものを決めるときは、「欲しいものや趣味のもの」がもっとも適当でしょう。

マンガの中では文房具を例にあげましたが、その他、プリクラや髪留めなどのちょっとした小物、自分で食べたいお菓子など、ふだん親が払っているものをおこづかいで管理させてもいいですね。また、毎月のコミック誌のように、いつも親に買ってもらっている常連のものをおこづかいから買わせるのもいいでしょう。

おこづかいのやりくりに慣れてきたら、次は学校で使う鉛筆やのり、絵の具などの文房具もやりくりに加えてみましょう。

ここで気をつけたいのは、やりくりする金額の幅。少なすぎて窮屈でもダメ、逆に多すぎてもダメです。本当に子どもがやりくりできる範囲内かどうか、親子で話し合って決めましょう。

おこづかいの前借りはＮＧ！

定額制にすると、「おこづかいが足りない」と子どもが訴えてくることがありますが、そのときに前借りをさせるのはＮＧ。おこづかいを使いすぎてお金がなくなってしまったときは、次のおこづかいまでガマンさせて、お金のない寂しさや心細さなどを感じさせましょう。

こうした感情を経験することで、決まった額を決まった期間の中でやりくりすることができるようになるのです。

おうちお金教育が成功する法則4

おこづかいで買うものは、子どもがやりくりできる範囲にする

KANRI箱でやりくりラクラク

何のためにいくら使うかが一目でわかるKANRI箱を親子で一緒に作りましょう。100円ショップなどで売っている、縦13㎝×横20㎝くらいの仕切りが多数ある透明の箱に、図のようにやりくりするものをそれぞれの仕切りにひとつずつ分けます。そこに、例えば300円のおこづかいなら、「えんぴつ」に50円、「消しゴム」に50円、「ノート」に100円、「シール」に100円のように分けて入れます。使わなかった月はそのままお金を残しておいて、使うときのために貯金します。

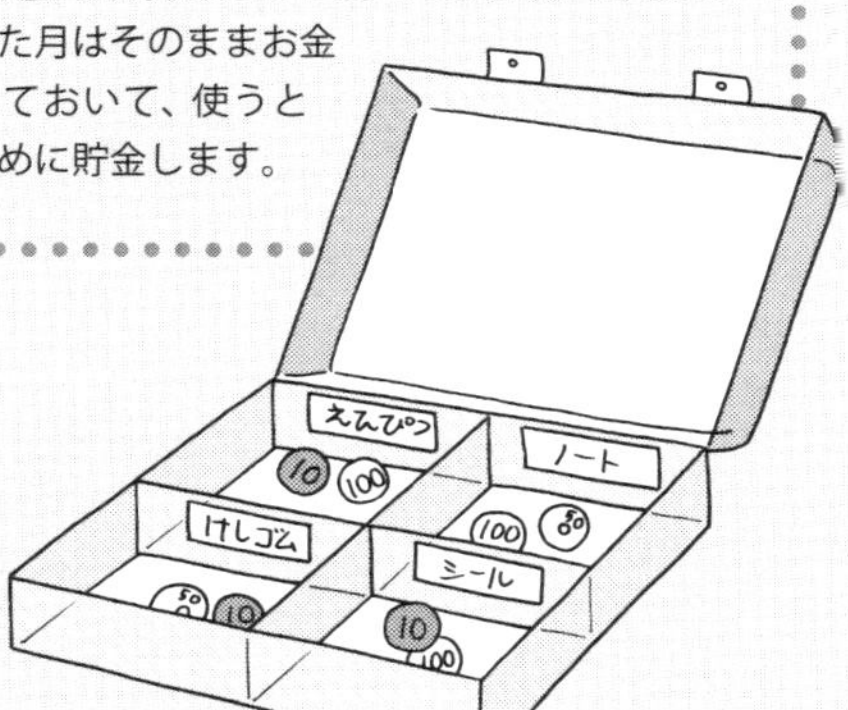

何でも買ってもらえる友達をうらやましがるときは

ボトボト……
イラ
ジャー
カチャ カチャ カチャ
お母さん！
ん？
オレもっと強いカードが欲しいよ！
みんなは強いカードいっぱい持ってるのに！
オレだけ持ってないから全然勝てないんだ!!
『お注射駄天使ルルラー』なんかじゃ戦えないよ!!
バシッ
……
カチャ カチャ
ショウタんちなんかさ 新しいカードが発売されるとすぐ買ってもらえるんだよ
ウロ ウロ ウロ
あ そう
子どもは自分の欲しいものをお友達がたくさん持っていると——
ショウタんちは金持ちなのかなぁ～
いいなぁ～
……
「富」の象徴に感じうらやましくなるものです

お母さん！
とにかくカードが欲しいんだ
今度の日曜絶対買ってよ！
もう！うるさい
マサキの欲しいものばっかり買ってたら
お金なんてすぐなくなっちゃうでしょ！
うちは買えません！
！
……
…ちょっと言いすぎた……？
しょんぼり
トボトボ…
そんなときは――
トン
トン
わが家のお金に対する考え方を
マサキちょっといい？
子どもにきちんと話してみましょう
聞いてほしいことがあるの
いい？
……何？
マサキはお友達がたくさんバトルカードを持っているのを見て
うらやましくなったんだよね
……

マサキが欲しいものがすぐ目の前にあって
友達がそれで遊んでいるんだから
そう思う気持ちはお母さんにもわかるよ
でもね
うちはおもちゃとかは買ってあげてないけど――
年に1回家族で旅行をしているよね
ほら　これそのときのアルバム
旅行するのにもすごくお金が必要なのよ
阿蘇山で馬に乗ったときのだ……
そのために毎月貯金をしてるの
沖縄で泳いだときの写真だ…
お父さんもお母さんも
家族みんなが幸せになれるものに
お金をかけたいと思っているのよ

それにね
生活をしていれば電気　ガス水道代とかいろいろなお金がかかるでしょ
マサキが習っているサッカーもね
あれ　毎月8000円のお月謝を払ってるの
8000円!?
学校に通うのもタダじゃない
給食費にも毎月5000円払ってる
その他にも勉強に使う道具を買う必要があるよね
……うん
でも　お父さんもお母さんも家族が幸せに暮らせるように
家族のために必要なものを手に入れられるようにがんばって働いているんだよ
そうだったんだ……
ただお友達のうちも同じ考えとは限らないわ
10人いれば10通りのお金の使い方があるように——

家庭によって お金に対する 考え方もいろいろ
たしかに ショウタんちは おこづかいは いっぱいもらってる みたいだけど
あんまり家族で 旅行はしないって 言ってた……
うちは カードは 買わない
自分の欲しいものは 自分のおこづかいで 買ってみたら?
お金に対する 考え方はみんな ちがうけど
お父さんも お母さんも 本当に欲しいものや 必要なものに ちゃんとお金を かけられるように したいと思ってる
だから なんでも買って あげることは できないってこと
わかって くれるかな?
真剣に話せば
「うちはうち 人は人」という ことを――
うん……
わかったよ お母さん
う～ん 賢いねぇ
さすが お母さんの子だ ♡
うひゃ～ やめて～!!
恥ずかしいよぉ～
理解して くれるように なるのです

ピンポーン
ごめ～ん お待たせ～
あ マサキ君 きたきた♪
えいっ
やぁ!!
くぅ～っ これ難しいなぁ～
マサキ君 ムニースポーツ5 ゲットしたよ 次 やる?
うん! ありがと
すごいなぁ また新しい ソフトが 増えてる……
ふっ……
オレにも やらせて～
「うちはうち 人は人」 だよね お母さん!

カステラ
角煮まん
ちゃんぽん
次の旅行は長崎ねらい!!
うふふふ♡
九州 5日

各家庭によってお金のかけどころはちがうことを教える

子どもの交友範囲が広がると、子どもは他人の家の経済状況が気になりだします。その物差しとなるのは、「欲しいものが自分の家よりもいっぱいあるかないか」。そして、いっぱいある家を「お金持ち」と認識するのです。

しかし実際は、お金持ちだから物が豊富とも限りません。お金があっても必要なもの以外は買わずに貯金をしている家もありますし、お金がないにもかかわらず、欲しいものはクレジットカードで何でも買ってしまう家もあります。

お金に対する考え方が自分とはちがう家庭のお友達と付き合っていくには、確固たる自分の信念が必要です。そして、それを作って守るのは親の責任。「わが家のお金のかけどころ」をぶれることなくしっかり伝えることは、他人と比較せずに自分に自信を持って歩んでいける土台作りとなるのです。

新品ばかりでなく中古を選ぶ楽しさも教える

子どもは、新しいゲームソフトや玩具などが発売されると、発売と同時に早く手に入れたがりますが、新品は高いですよね。そんなときはリサイクルショップの存在を教えてあげましょう。今は半年も待てば中古が出回ります。

たとえば、お年玉などを使って予算５０００円でゲームソフトを買うと決めた場合、新品なら1本しか買えませんが、中古なら２つ買える可能性もありますね。子どもにも選ぶ自由があり、楽しい買い物になります。

こうして、よく吟味して選んだものは、愛着もあるので、むやみに他人の持ち物をうらやましがることも少なくなっていきます。

おうちお金教育が成功する法則5

誇りを持って、わが家のお金に対する考え方を子どもに伝える

たけや家の 1 おうちお金教育

生活態度とおこづかいはリンクする！

わが家には、社会人の娘と大学生の息子がいます。2人ともまちがいなく私のかわいい子どもたちなのですが、「本当にきょうだい？」と思うほど、性格は180度ちがいます。

娘は節約家で、計画的にお金を使い、ちゃんと貯金ができるタイプ。お金の教育を見事に理解し、今では自分のお金を世の中で活かしてゆっくりとお金を増やしています！

それに対して息子といえば、目の前に欲しいものがあるとガマンできず、貯金をはたいてでも買ってしまうタイプ。もちろん、お金は貯まりません。一度おだちん制から定額制に移行したものの、一瞬のうちに使ってしまうクセが直らず、再びおだちん制に戻したこともありました（涙）。

スローペースながらもお金のしつけは自立を助ける！

そんな息子ですが、それでもお金の教育を通して、少しずつ成長していきました。

小学校高学年のころには、自分の好きなものなら予算立てができるようになりましたし、自分の力で自転車も手に入れました。スローペースではありますが、お金の教育が息子の自立を助けてい

たことは、まちがいない事実です。

このように、全く性格のちがう子どもたちに、それぞれのペースでお金の教育を実践してきましたが、わが家では、子どもの生活態度が良くないときは、定額制のおこづかいの場合、減額することにしていました。

給料を払う意識で定額制のおこづかいを与えているので、ふだんの生活態度も給与査定に影響するという考えからです。

うちのママは口だけじゃない！
本当におこづかいを減らされちゃう！

じつは、娘が小学校5年生のとき、一度減額したことがありました。やることをやらずゴロゴロしている日が多くなり、目に余ったので声をかけましたが、改善されなかったため月2000円のおこづかいを1000円に減額したのです。

しばらくして、改善が見られたのでまた元の金額に戻しましたが、「うちのママは、生活態度が悪いと本当におこづかいを下げるんだ……」と内心驚いたかもしれません。

この一件があって以来、声をかければ素直に反省し、態度を改めてくれるようになりました。

ちなみに、長らくおだちん制だった息子は、学校で居眠りをしない日は連絡帳に「◎」つけて、◎が5個貯まったら、大好きなポテトチップスやお菓子などと交換するようにしていました。

この方法を取り入れてからだいぶ学校からの呼び出しは減りました。◎をつけるのは本人なので、信憑性に欠けるのが難点……。

そんな息子も今や大学生になりましたが、性格やお金への考え方は小さいころと変わりません。

しかし、そんな自分の特性を理解して、失敗しないよう努力をするようになりました。

子どもからも言わせて！

Q お金持ちってどういう人のことをいうの？

A お金持ちかどうかの基準は、人それぞれちがいます。そして、その基準は、年齢や経験によっても変わるもの。たとえば、子どものころはゲームソフトをいっぱい持っている人をお金持ちだと思うかもしれませんが、大人になれば高級外車に乗っていたり、別荘を持っている人のほうがお金持ちだと思うようになるかもしれません。

一方、高いお給料をもらっていなくても、貯金がまったくなくても、本人はお金持ちだと思っている場合もあります。こんなふうに、お金持ちかどうかはみなさん自身がすでに決めていることなのです。

Q お金がないと幸せになれないの？

A お金はわたしたちが人間として最低限の暮らしをするうえで絶対に必要なものです。お金なしでは生きられませんが、必要以上にお金がなくても暮らしが充実していれば幸せは感じられます。

ただし、お金と人の気持ちはつながっているので、お金がないというストレスから悪いことをしたり、人を傷つけたりしてしまう場合もあります。そう考えるとある程度のお金がないと、幸せにはなれないとも言えます。

また、お金がなくてそのときは不幸であっても、その経験をバネに将来大きく成長することができれば、それは幸せになれたと言えるでしょう。

小学校中学年の時期の
おうち
お金教育

2章

お金とかかわりながら
子どもの心を育てる

子どもの考えや行動を尊重して見守ってみましょう。
わが子の心が正しく育つよう、親はどんな
サポートをすればいいのかについてお伝えします。

子どもの話を聞いて、見守る姿勢でかかわろう

学校生活にも慣れて、学校以外でも活動する範囲が増える時期です。固定の友達ができたり、グループで行動したりするようになります。習い事や塾へひとりで通うこともあるでしょう。体の成長と同時に、心も成長します。「自分って何だろう?」という疑問を持ち始めるのもこのころです。

おこづかいの使い道に関しても、親に指図をされるのが嫌だと感じることもあるでしょう。「自分を認めてほしい」という自己肯定感が芽生えた証拠です。親は細かい口を挟まずに、子どもの話や行動を見守ってください。

でも、失敗したときや子どもがSOSを発信したときは、すぐにサポートしてください。どうして失敗してしまったのか、または、悪い行動を取ってしまったのか、最後まで理由を聞いてください。このフォローが親子の信頼を築くことになります。

そして、おこづかいの値上げをしてほしい、と言ってくるのもこの時期です。やりくりの幅が広がるチャンスですので、子どもの値上げ交渉には真摯に向き合ってあげてください。適当にあしらってしまうと、自信を失ってしまうこともあるので、気をつけましょう。

この年齢になると、親の話すことは十分理解できますので、家計の方針についても子どもに伝えておくといいでしょう。うちはうち。そして、あなたはあなたでいいのです。

「おこづかいは子どもに任せる!」くらいの信頼をして、背中を押してあげましょう。

伝えることリスト

- □ 失敗は無駄ではなく、
経験という貯金になる
- □ おこづかいのやりくりの範囲を
増やしたいときは、親に交渉する
- □ 祖父母からプレゼントや
おこづかいをもらったら、お礼を伝える
- □ 祖父母からもらったお金は、何に使ったか、
貯金したかを、祖父母に報告する
- □ 友達におごっても、おごられてもいけない
- □ 友達から借りたものは大切に扱う。
失くしたら自分で弁償する
- □ 友達からゲームセンターへ行こうと誘われても、
イヤだったら断る
- □ 悩みや困ったことが起きたら、必ず親に相談する

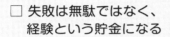

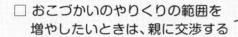

episode 6

子どもがお金で失敗していたら

いらっしゃ〜いっ
うっわ〜♪
いろんな店が
あるなぁ
何 買っちゃ
おうかなぁ〜
クレ
大阪名物
くじびき
くじび
ポテト
!!
うわあぁ〜!
すすすす
すげえ!!
キラ
キラ
キラ
1等
エアガン
マキちゃん
ヤキソバ
食べる?
ヤキトリが
いい〜♪
やっぱオレ
行って
くる!
ダーッ
なんだサトシ
シッコか?
叔父ちゃん
ちがうちがう
ナト君
くじがやりた
かったみたい
くじ?
1等のエアガン
ガン見してた
男ってああいうの
ホント好きよね
バッカみたい
キャハハッ
……マキ
あんた口
悪すぎ
って 昔の
おねーちゃんと
そっくりじゃん
……

女子軍団の口の悪さにはついていけない……
おく〜い サトシ どこだ〜
すくい
ガックリ…
サトシ
どうした?
…2回ともはずれた…
1等の…エアガンが
どうしても欲しくて…
なのにこんなアメちゃん2個だけなんて…
子どもは「一瞬でお金がなくなってしまった」という寂しさや
全財産使ったのに…
絶対当たるって信じていたのに…
うっ…
うう…
「1等を当てられなかった」という悔しさ「世の中そう甘くはないんだ」という衝撃など
さまざまな感情を味わうことでしょう

まぁまぁサトシ
そう落ちこむなって
ここでたいていの親はかわいそうだからとお金をわたしてしまったり
買ってあげたりしてしまいます
今日だけ特別に父さんが…
でもここであげてはいけません！
そうです！
あげてはいけません
あげると子どもは
またくれるぞ
という確信を持ってしまいます
ニヤ〜
会社勤めをしていてお給料を全部使ってしまったからといって
実は ぜ〜んぶ 使っちゃいまして
月末までもく〜う すっからかん☆
アイタタタ〜
じゃあとりあえずまたお給料を……と
給料
またお金をもらうことはできませんよね

「お金は使ったらなくなる」ということを教える
絶好のチャンスなのです
子どもには次のおこづかいの日まで
サト君～お菓子買いに行こ～
……
一文無しで買いたいものも買えず
ガマンして過ごさせてほしいのです
うう…みじめ…
お金がないと不安にもなるでしょう
当たったらエアガン
ハズレたらアメ玉1個…
もしもあのときの600円を貯めてたら…
今月のおこづかいと合わせてデパートで売ってたエアガン
買えたんだよなぁ…
「あのとき使わなきゃよかった」と
後悔もするでしょう
でもガマンして1カ月後におこづかいをもらえたときは
はい 今月のおこづかい
やっとお金を手に入れた!!
うわあぁ…!
いつもよりピカピカしてるっ
といううれしさや安心感を得ることができます

こうしてたくさんの失敗体験を通しさまざまな感情を味わうことで
大事に使おう…
「お金って大切！」という気持ちや「ムダづかいはやめよう」といった正しい金銭感覚を育てることができるのです！
まぁ 今回は失敗しちゃったけどさ
次からは計画的に使おうな
うん
今日はせっかくの夏祭りだから……
ヒョイ
その雰囲気だけでも楽しもうぜ！
わあ！
あー 叔父ちゃーん
特別なんだよ～
へへ～ん♪
や～ん マキも肩車してほし～い♡
金魚

子どものころにたくさん失敗をさせて将来の生きる力を育む

子どもがお金を扱うようになると、「おこづかいをあげたばっかりなのに、もう使っちゃったの?」「なんでこんなものを買うの?」と文句のひとつも言いたくなる場面に、一度は出くわすでしょう。

他にも、「お金を落としてしまった」「おつりをまちがえて少なくもらってきた」など、親にしてみれば、ため息の出ることの連続かもしれません。

しかし、本当のことを言うと、こうしたムダづかいや失敗経験こそが「お金の教育で得られる経験値」なのです。お金がなくなれば寂しい時間を過ごし、失敗で悔しい気持ちを味わいます。それらの気持ちが、将来の生きる力を育ててくれます。

親は子どもを信頼して見守ろう

子どもがお金で困った経験をすると、親が出ていってその場をなんとかしようとしがちですが、大切なことは手を出すよりも子どもを信頼して見守ること。子どものSOSを察知できるような信頼関係を保ち、「いつでもあなたを助ける体制にあるよ」「ずっとあなたの味方だよ」というスタンスで見守りをすることが親の役目です。こうして親子の間の信頼関係を築くと、子どもは安心して失敗経験ができるようになります。

失敗経験はとても大切です。なぜなら、子どものころの失敗はかわいいものですが、大人になってからの失敗は、取り返しがつかないことが多いからです。

子どものころに小さな失敗をたくさんさせてあげてください。小さな失敗を積み重ねて、たくさんの喜怒哀楽を経験するうちに、「お金は大切にしなければいけない」ということに気づくようになります。

おうちお金教育が成功する法則6

子どもが安心して失敗できるように親子間の信頼関係を築く努力をする

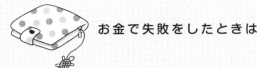

おこづかいの値上げはいつ、どうする？

ママ
ママ
子どもがおこづかいの値上げを言ってきたとき
おこづかい上げてよ
なんで?
毎月500円あげてるじゃない
もう十分でしょ!!
一方的に却下していませんか?
子どもにもおこづかいを上げてほしい理由があるはず
ちょっと強く言いすぎたかしら……
だからその理由をちゃんと聞いてあげましょう
もしかしたら欲しいものの値段が上がっているのかもしれません
アクリルカラー
街で船の模型、展示してるって
へ〜〜!!
じゃあ日曜日に一緒に行かない?
大きくなれば行動範囲が広がり交通費が必要になっているのかもしれません
あ、でもバス代が…
やりくりがきゅうくつになってはお金の管理どころではありませんね

ソース派と しょうゆ派に 分かれないかの、
……
しょんぼり…
シンちゃん
キャハハッ 分かれてるよ～ぉ
さっきはママ怒っちゃってごめんね
ママね あれからパパと相談したの
おこづかいを値上げしてほしいときは その理由をちゃんと話して
パパとママが納得できたら考えてあげるから
ねぇ パパ
うん ちゃんとした理由があるなら こっちもな 考えなきゃな
……ねぇ
それ わたしもってこと？
そりゃもちろん
よっしゃ!!
がんばるぞーー!!
オ…オレも……

トントン
パパ ママ……ちょっといい？
おっ！きたきた♪
ボクは……
ボクはおこづかいの値上げを希望します
モジモジ
うんうん
で その理由は？
理由は……理由は……
もっとプラモデルが作りたいからです!!
ええ～！それだけ!?
いや もっとまら
おこづかいをあげてほしい理由って他にないかしら？
ええ～ 理由？
え～～……っとね
メタリックのカラーと……
新しい接着剤が欲しくて……
それがないと困るの……
だからね
う～ん…
低学年のうちは相手を納得させるように話すことは難しいかもしれません

残念だけど
今の説明では おこづかい アップは できないわ
材料費が 最近値上がりして 今まで 買えたものが 買えなくなった とか
もっと難しい プラモに挑戦 したいとか
あるでしょ いろいろ
「なぜおこづかいを 値上げする必要が あるのか」を 子どもに説明 させましょう
カッコよく 仕上げるには 新色の カラーが どうしても 必要だからとか
ママはそういうのが 聞きたかったわぁ〜
社会に出れば
このシステムを 導入しますと
人件費を 30%削減できる だけでなく……
コスト パフォーマンスに ついての詳しい 資料は……
なるほど〜
ふん
ふん
ふん
相手を納得 させることが 必要になります

パパ〜！ママ〜!!
しゅん…
おこづかいの値上げ交渉をしたいんだけど
いい？
うんうん聞くよ
5年生になってノートをたくさんとるようになったら
ノート代が今までの2倍かかるようになりました
それから最近は友達からプレゼントをもらうことも多くて
私も買ってお返ししたい
勉強をもっとがんばるし
お友達とも仲良くしたいから
毎月あと200円値上げしてくれると助かります！
さらにおこづかいを値上げしたくなるようなことを言えればベスト！

相手に物やサービスを買ってもらおうと思ったら
相手をその気にさせるようなプレゼンが必要になるからです
わかった！納得したから200円値上げしましょう
その代わりちゃんと勉強するのよ～
よかったね、おねえちゃん
おこづかいの値上げ交渉はその予備練習をしているようなもの
よっしゃー
ワハハハー
ねえちゃんすごいなぁ
ねえちゃん　オレどうしたら値上げしてもらえると思う？
教えてくれよぅ
……
甘い！
それを考えて作戦立てて交渉しないと意味ないっつーの!!
ねえちゃんの部屋に来な！一緒に考えてやるから
ほんとに!?
がんばれ！子どもたち

難しいプラモ作りに挑戦し
パパとママに見せてあげたいからです!
いいね いいね〜

親が納得できる理由を言えたらおこづかいをアップする

おこづかいをあげ始めると、いつどんなタイミングで値上げをすればいいのか、悩む親は多いものです。「学年が1つ上がるごとに100円アップする」といった話もよく聞きますが、これではアップした分を何に使うのか、目的がわからないのでムダづかいをすることになりかねません。

だからこそ、マンガの中でもお話しした通り、「なぜ値上げが必要なのか」を子どもに話させ、親に向けてプレゼンさせるのです。おこづかいを出すのは親ですから、なぜ今までより多くお金が必要なのかを知って、納得する必要があると思うのです。

子どもによっては、値上げの理由をきちんと説明できない子もいるでしょう。そんなときは、マンガの中のお母さんのように「私ならこう思うけど、あなたはどう?」とさりげなくアドバイスをしてあげましょう。親が子どもにボールを投げてあげることで、子どもは自分なりに考えて、次のボールを投げ返してくれます。

プレゼンから子どもの成長を発見できる

こうして交渉やプレゼンを子どもにさせることで、子どもは親を納得させられるように、そのための理由を自分自身でじっくり考えるようになります。

おこづかいの値上げは子どもからの交渉が基本ですが、待っているだけではいけません。たとえ上手に交渉やプレゼンができなくても、親が子どもを見守ることで、子どもがなぜ値上げをしてほしいのかを察することができます。そのためにも、月に1度は、親子で話し合いやおこづかい帳のチェックをしましょう。おこづかいの額が少なすぎてもお金の教育は伸び悩んでしまうので、そんなときは声をかけてあげましょう。

おうちお金教育が成功する法則7

値上げしてもらいたい理由を子どもがしっかり説明できるようになるまで、長い目で見守る

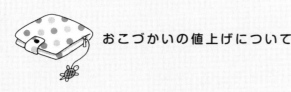

episode 8

じぃじとばぁばが孫を甘やかす!

タクヤ君 小学3年生
タクヤ君のじぃじ
タクヤ君のばぁば

3カ月ほど前に
息子にお金の教育を始めました
息子には毎月500円のおこづかいをあげて
これください!
コミック誌と駄菓子屋さんで買うお菓子を管理させています
おこづかいの使い方も板についてきて
こっちが10円で~
こっちが30円だから~
け~っこういい感じになってきてるんだけどねぇ~
…なってきているんだけどぉ~~…

バァ〜!!
タクヤ〜♪
じぃじとばぁばだよ〜
元気にしてたか〜い?
キョウコさん突然押しかけてごめんなさいね〜
おいなりさんたくさん作ったら
お父さんがタクヤにどうしても食べさせたいって言うから
……いらっしゃ〜い
タクヤ〜タク坊〜じぃじだよぉ〜
毎週おいしいものをありがとうございます〜
おっ?
この賞状前はなかったよね?
あそれは……
じぃじ!それはね
ボクが描いた夏休みの宿題の絵がコンクールに出てね♪
入賞したんだよ♪
ほうっ

それはすごいなぁ！
えへへへへ
タクヤには絵の才能があるんだなぁ
これは美大進学のためにじいじがんばって貯金しないといけないなぁ
がんばったごほうびに
おこづかいをあげような
おこづかい？
はい2000円
わぁぁ～!!すごいやぁ
ちょっと待ったぁぁ!!
お義父さん！
い…いつも本当にありがとうございますぅ～
でもタクヤはまだ2年生ですしちょっと2000円はこの子には多すぎるんじゃないかな～
なんて
てなわけでこちらお返ししますね
うふふ…
パッ

キョウコさんったら！
どうかそんなこと言わないでちょうだい
うんうん
私たちは孫におこづかいをあげたり買ってあげたりすることが唯一の楽しみなんですから
うんうん
そうそう！
このジジババにお金を使わせるのも親孝行だと思って
ねっ？
うんうん
ピ……
ピーーンチ！
これじゃあせっかくお金の教育を始めてても意味がなくなっちゃう～!!
そうなのです！
おじいちゃんとおばあちゃんが孫を甘やかして困るという声はよく耳にします
子どもは喜ぶでしょう
でも500円のおこづかいの中でやりくりしているのに
急に2000円をわたされたら――
じぃじだ～い好き♪

本当に欲しいものや必要でないものまで
買ってしまうことになりかねません
これとー あれとー♪
すごいやー まだまだ買えるよ
うわ～!! それは困る!!
じゃあねタクヤ
また来るからね
さようなら～
じぃじ～バイバ～イ
そんなときは――
バタンッ
さて……と
?
タクヤ
さっきじぃじからもらったお金出して
ママが預かっておくから
いったん親が預かり貯金をしましょう
ええ～～!?
やだよ!
これ ボクのお金だもん
子どもには
その理由をきちんと話しましょう
タクヤ すわって話そうか

じぃじとばぁばの気持ち
とってもうれしいんだけど――
タクヤとママで毎月500円でやりくりしようって決めたところだよね
ママはそれを守りたいんだ
それにタクヤだってせっかく計画的にお金をやりくりしようって決めても
手元にお金があればやっぱりムダづかいしたくなっちゃうでしょ
……でも……
そのお金どうするの?
ちゃんとタクヤ名義の預金口座に入れておくから大丈夫だよ
ほら、これタクヤのだよ
それにいざ必要!ってときになったら
ちゃんと引き出せるから安心して
うん
それならいいや

あとは祖父母に
わが家のお金を通した子育て方針をしっかり話して納得してもらいましょう
う〜ん……
これが一番難しい……
とりあえず仕事中のパパにメール
ピッピッピッ
「今夜は夫婦会議を開催します」……と
そうしないと教育が徹底できないので
子どもが迷ってしまいます
——というのが今日一日の出来事なのよ
そっか〜
私があんまり強く言うと角が立つから
あなたからうまく話してもらえないかなぁ
う〜ん……
祖父母にはすぐに理解してもらえないかもしれません
父さんも母さんも孫かわいさでやってることだからなぁ〜
わかってくれるかなぁ
あなたがそんな弱気でどうするの?
しかし焦らず気長に理解してもらうように努めましょう
タクヤの一生のことなんだからね
しっかりしてよ!
わ……わかりました

そのためにも感謝を忘れずに
「お父さまのように立派な大人になるために息子は今修行中です」
言い方を工夫してみましょう
など
私も……がんばるぞー
そして週末──
ハッハッハッ
タクヤは本当にかしこいなぁ〜
よし!
じぃじがこづかいをやろうな
ワーイ
父さんちょっとそのことなんだけどさ
?
……って方針でオレたちはやっていきたいんだよ
それがタクヤのためにも一番だと思うからさ
パパがんばれ〜
しょんぼり
うう……気まずい……
あの〜…
お義父さんとお義母さんにはいつも本当に感謝しているんです
で…こういうのはどうでしょう
そんなときは──

タクヤの誕生日やクリスマスのプレゼントとしていただいたり
お正月のお年玉にしていただくとか!
そうすれば毎月のお金のやりくりに支障は出ませんし
何よりもタクヤにとって良い記念や一生の思い出になると思うんです
一生の思い出……ワシがか!?
お父さん
二人がしっかり考えて決めたことなんだから
ワシが……思い出……
私たちも協力しましょうよ
わが家で決めたルールを祖父母にまで守ってもらうよう話すのは
なかなか勇気のいることですが
すばらしいことじゃありませんか
いや〜ぁ キョウコさんがこんなにしっかり者とは思わなかったなぁ
ばぁば〜♪
話せばわかってくれることが多いものです
やった〜♪ プレゼンうまくいった!
やるな〜

タクヤは誕生日のプレゼント何がいいの?
誕生日は先月すぎたばっかりですよ

わが子を自立させるためには
周りの大人は子どもの味方となりみんなで協力して見守ることが大切なのです

メリー
クリスマース♪

わが家の方針を祖父母にも理解してもらう

今のご高齢者は、年金もしっかりもらっていて、経済的に余裕がある方も多いようです。孫のためにお金を使ってあげると、孫からも若夫婦からも喜ばれるので、ついお金をあげたくなるのでしょう。しかし、お金の教育という視点で考えるとよくありません。

おこづかいで、決められた金額の中で、本当に欲しいものを自分の力で考えて手にできるようにやりくりすることが大事ですから、ここで祖父母からの大金が子どもの手にわたってしまうと、せっかくのやりくりがムダになってしまいます。

そんなときは、マンガにもあるように、まず祖父母に家庭の方針をよくお話しして、わかっていただくことが大切でしょう。そのためにも、ふだんからご両親とのコミュニケーションを密にとって、価値感のちがいを認め合えるようなオープンな雰囲気を築き上げておくことが重要です。

ここをおろそかにすると、「子どもに厳しすぎるんじゃないか」「何にもわかってくれないんだから！」と対立を生むことになってしまいます。

大金をいただいた場合は教育費に

祖父母がどうしても1万、2万円といった大金を孫にわたしたいという場合は、親が預かって教育費に回しましょう。習いごとや塾代に充てたりすることで、孫のために貢献してもらうという方法もあります。ときどき、祖父母ではなく、「パパは何でも子どもに買い与えて困る！」というママからの悩みも耳にします。夫婦間でお金に対する考え方がちがうと子どもが混乱してしまうので、夫婦で話し合うか、あるいは夫婦どちらかが責任を持ってお金の教育をするようにしてくださいね。

おうちお金教育が成功する法則8

祖父母とのコミュニケーションを密にとって、みんなで子どもの成長を見守る雰囲気を築く

子どもが大人のお金の使い方に疑問を持ったら?

タロウ君のママ
タロウ君のパパ
タロウ君 小学4年生

うわ〜ぁ
KIDS
これずっと欲しかったゲームソフトだよ〜
うわ〜ぁ
ずいぶん高いのねぇ
モリオカート
いいなぁ〜
買って欲しいなぁ〜…
チロ
モリオ
そんな高いもの買えないよ!
キッパリ
はいはいもう行くわよ!
パパのジャケット選ぶんだから
え〜〜〜
モリオカート
どうしても欲しいんだけどなぁ

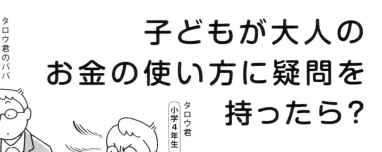

パパの服ってずいぶん高いんだね
¥15.000
えっ!?
どう?
そうねぇ……ビジネスには……
……
1万5000円あったらボクの欲しいゲームソフトが3つ以上も買えるじゃないか!!
こんなときおそらく子どもは不公平だと感じているのでしょう
ボクのものはなんでも「高いからダメ!」って言うくせに……
ゴルフセットがどうしても必要なんだよ~
このおなべ絶対「買い」だわぁ~ずっと使えるしぃ~
パパとかママってけっこう高いもの平気で買ってるよね!!
小4のせいいっぱいのいやみ
しかし親は働いて家族を養っているのですから
親と子どもではお金を扱う立場がちがう
ということをしっかり教える必要があります

タロウ
パパは欲しいからって何でも買ってるわけじゃないよ
この服だってパパのおこづかいの中でやりくりして買うんだし
それに仕事でも必要だから買うんだよ
……
タロウだってだらしない格好をしている人より
ちゃんとした格好の人のほうが気持ちいいだろ？
パパも
仕事で人と会うときはちゃんとした格好をしておきたいんだよ
そのほうが相手も好感を持ってくれて
いい仕事もできるんだぁ
……
じー…
子どもは親のお金の使い方 考え方をよく見ています

だからこそ「働いてお金を得るということは大切なことだ」「みんなのために働いている人は尊敬すべきだ」
ということをぜひ教えてほしいのです
タロウ それからね
もうひとつ覚えておいてほしいことがあるの
働いてお金をもらうってことは大変なことなのよ
パパもママも家族みんなが幸せになるために
家事は年中無休!!
ほっ
夏も冬も外回り
毎日一生懸命がんばっているのよ
そのためには使うお金も多いから
タロウよりおこづかいが多くても
いいと思わない?
…うん…
こどもにとっては理解しづらいことかもしれませんが
ちゃんとした格好…
働く…
ブツ
ブツ
家族の幸せ…
ブツ
考えてる
考えてる
家族が幸せになるために働くことを教えると親の威厳にもつながります

そして働くことで
自由に使えるお金も増えることがわかれば
デパ地下でコーヒーブレイク♪
うわ〜い♡
甘〜い♡
ハッハッハッ
将来がんばって働こうという原動力にもなるでしょう
ソフトクリームで機嫌が直ってら〜
タロウも大人になったらがんばって働いて
幸せな家庭を作ってほしいなぁ
そのときは
タロウも堂々と好きなものを買えばいいさ
うん！ボクさっきうんと考えて決めた！
将来がんばって働いてゲームソフトをたくさん買う！
それで自分の子どもと一緒に遊べば
ボクも子どもも幸せ♪
最高でしょ♪
やっぱりまだまだ
ゲームなんだなぁ…
まぁまぁ少しずつ少しずつ

親の威厳を教えることは「お金の教育」の大前提

お金の教育をする大前提として、「働くものは偉い」という「親の威厳」を教えることが大切です。働いてお金を稼ぐ人がいなければ、生活自体が成り立たないからです。

共働きのご家庭も多いと思いますが、働いてお金を得ているからこそ、こうして家族が幸せに暮らせること、愛する人を守るためにお金が必要なことなどを、わかりやすく説明してあげましょう。

今の時代は、お金があるから幸せで、お金がないから不幸せとは一概に言えない世の中です。しかし、お金があれば経済的な不安を抱えることもなく、欲しいものを手に入れることができたり、夢を叶えられたりすることも事実です。

働くことに夢を持てない若者が増えていると言われていますが、ある程度経済的に自由になるためにも働いてお金を得ることは大切だということ、そして、お金があると欲しいものを手にできたり、やりたいことが叶ったりするので心も豊かになること、を教えてあげてほしいのです。働くことが幸せにつながることを理解できれば、将来、しっかりと働いて幸せな家庭を作ろうと思えるのではないでしょうか。

子どもは親の姿を見て成長する！

ただし、親があまりにもルーズなお金の使い方をしていては、せっかくのお金の話も説得力がありません。貯金がほとんどないのに買い物がやめられない、クレジットカードはリボ払いでいつの買い物の支払いなのかわからない……思い当たる方は、まず自分の消費スタイルを見直すことから始めてください。

子どもは良くも悪くも、親の姿を見て成長しているということをお忘れなく。

おうちお金教育が成功する法則9

将来の働く原動力を育てるために働いてお金を稼ぐすばらしさを教えよう

たけや家の
2
おうちお金教育

「たけのこ貯金」でお金がお金を生む仕組みを教える！

わが家では、子どもたちにお年玉をあげる代わりに、少し変わった方法を採用していました。

それは、「たけのこ貯金」。

たけのこ貯金という名前にしたのは、真っすぐスクスク成長してほしい、という願いをこめたからです。

さて、たけのこ貯金とはどのようなものかをご説明しましょう。まず、年に1回、子どもたちには、もらったお年玉の中から貯金する額を決めさせて、自分名義の普通預金口座に預け入れをさせますが、その際に預金残高の３％を利息として子どもにあげるというものです。

ひとつ例をあげましょう。たとえば、預金残高が9万５０００円で、お年玉の中から５０００円の貯金をするとしましょう。すると、今回預け入れをした場合の残高は10万円になりますね。

この10万円に対して３％の利息である３０００円を、お年玉の代わりとして、子どもにあげるというシステムです。

預け入れをするときは、お年玉分と、たけのこ貯金である３％の利息を別々に入れるようにします。すると、通帳に2段にわたって記帳されますから、３％の利息金額の横には「たけのこ貯金よ

り」と鉛筆で記載しておくのです。

こうすれば、たけのこ貯金としていくらもらったかが、一目でわかりますね。

3%の利息も残高額によっては大きな金額に！

3%の利息と言うと少なく聞こえますが、残高に対する3%ですから、年々預金額が増えるにしたがって、利息（たけのこ貯金）も増えていくという仕組みです。

ちなみに、娘が高校2年生のときの残高は25万円だったので、たけのこ貯金は7500円（25万円の3%）、息子が小学校6年生のときの残高は6万円だったので、1800円（6万円の3%）。子ども2人分で、1万円くらいのお年玉をあげているようなものですから、けっこうな金額です。

なぜ、たけのこ貯金を考案したのかというと、お年玉は親戚など親以外の人からももらう機会があるので、親からはただあげるのではなく、お金がお金（利息）を生む仕組みを教えたいと思ったからです。

お金を貯めることが苦手な息子は、自分よりもはるかに多い利息をもらっている姉を、いつもうらやましそうに眺めていましたが、悔しい思いを通して「利息」の概念を理解できるようになりました。

このたけのこ貯金は、娘には大学卒業時に、息子には高校2年生のときに、本人たちに渡しました。その後、息子はその貯金を預けるための銀行を自分で選んで、口座を開設しました。

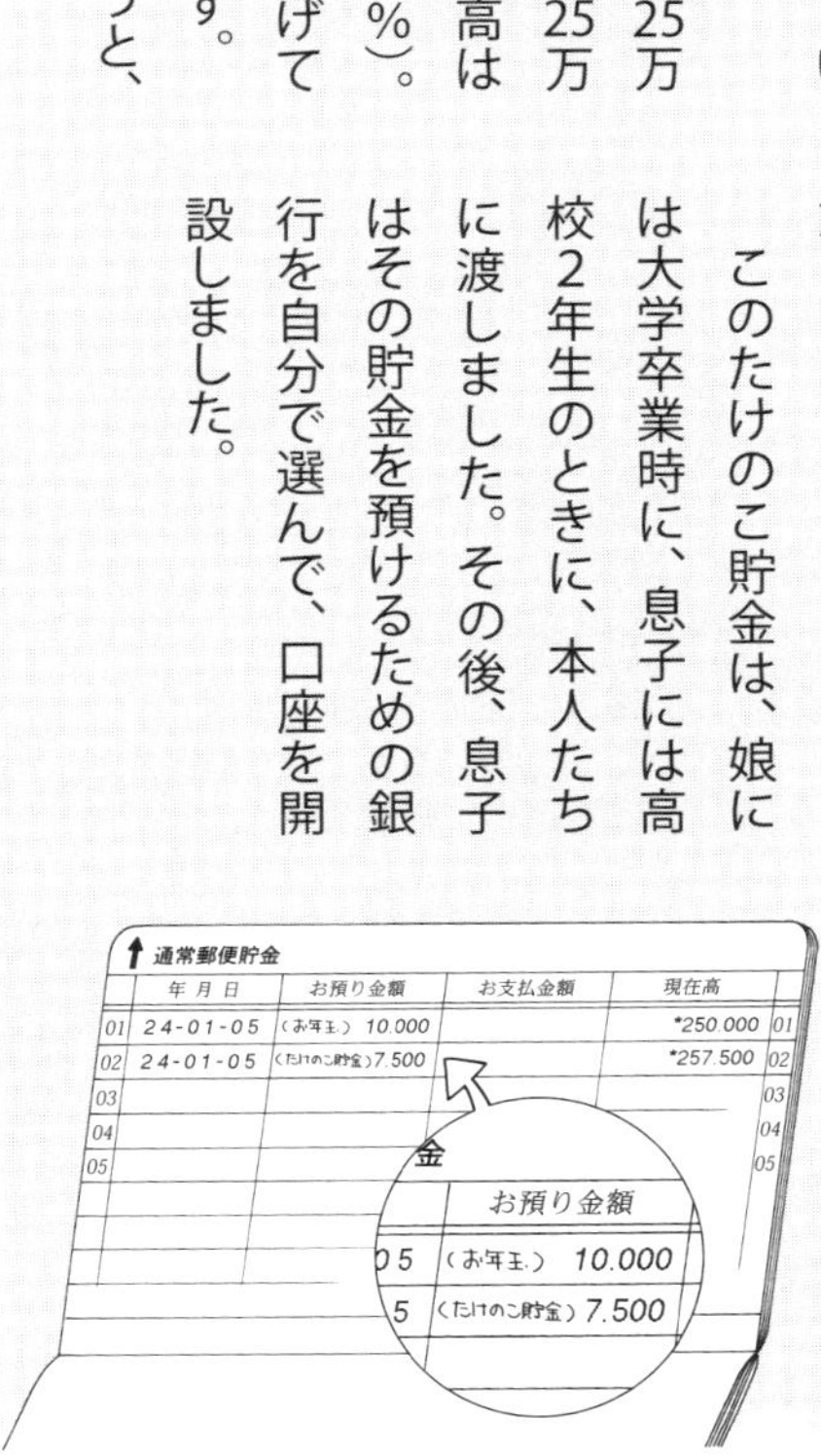
通常郵便貯金
年 月 日
お預り金額
お支払金額
現在高
01 24-01-05 (お年玉) 10.000 *250.000
02 24-01-05 (たけのこ貯金) 7.500 *257.500
金
お預り金額
05 (お年玉) 10.000
5 (たけのこ貯金) 7.500

子どもからも言わせて！

Q オンラインゲームは無料だからやってもいいよね

A スマートフォンでなどで遊べるオンラインゲームは、世の中に出るまでに多額の制作費がかかっています。そのため、ゲーム会社は課金してもらわないと、もうからない仕組みになっています。もちろん、無料でも楽しむことはできますが、アイテムやキャラクターが欲しくなれば、どうしても課金をしたくなりますよね。

ですので、オンラインゲームを始める前に、無料の範囲で遊ぶのか、おこづかいの範囲で課金することをOKとするのか、親と話し合って決めておきましょう。決めた約束は、守るようにしてください。

Q お年玉っていつまでもらえるの？

A いつまでという決まった答えはありません。人それぞれ考え方がちがうので、大人になってもくれる人がいるかもしれませんし、義務教育の中学生までしかもらえないかもしれません。

わが家では、姪や甥にもお年玉をあげていましたが、大学や専門学校を卒業して、社会人になったらあげていません。前に話したように、自分の子どもには、お年玉の代わりにしていた「たけのこ貯金」(P106)を娘は大学卒業時に、息子は高校２年生のときに終え、お年玉そのものは20歳で終了しました。親戚からのお年玉は、親が「もうあげないでください」と言えば、もらえなくなるでしょう。

小学校高学年の時期の
おうち お金教育
3章

お金を通して 親子の信頼関係を築く

子どもはお金の大切さを親の姿勢や態度から学びます。
おうち以外のことに興味が移る年頃なので、
親子の信頼関係の土台をしっかり築きましょう。

思春期前に、親子の信頼関係を築こう

子ども自身の特性がはっきりしてくるこの時期は、趣味や好きなことにお金を使いたいという欲求もでてきます。高額な商品を欲しがることもあるかもしれませんが、それをからかったり、馬鹿にしたりすることは絶対にＮＧです。親にとっては無駄使いにしか思えないことでも、子どもの話に耳を傾けてください。

お金の教育とともに、インターネットのルールについても伝えましょう。スマートフォンやパソコン機器を使いこなし、知りたい情報を得たり、自分で発信したりすることもできるようになると、友達の顔も見えなくなり、交友関係がつかめなくなります。親との約束よりも、友達を優先することも多くなるでしょう。

じつは思春期を迎える前だからこそ、親子の信頼関係を壊さないように気をつけてほしいのです。もう少しすると体も大人に近づき、口数も減っていきます。この先、子どもが単独で行動する機会が増えれば、アクシデントに遭うこともあります。子どもが本当に困ったときに、友達ではなく、一番に親へ相談ができるような信頼関係を築いておいてほしいのです。

そのためには、親も素直な気持ちで接すること。約束を守り、もしも無理そうなら正直に謝りましょう。親だから謝らないのではなく、親だからこそ真摯な姿を子どもに見せましょう。親の姿を見て、子どもはそこから感じ取ってくれるはずです。

伝 え る こ と リ ス ト

- □ 約束は家族みんなで守る
- □ 約束を守らない人は、人から信用されない
- □ おこづかいの前借りや立て替えはしない
- □ 欲しい物があるときは、「我慢する(買わない)」「お金を貯める」「お金を借りる(中学生まではお金を借りてはいけない)」の3つの方法がある
- □ 高校生になったら親からお金を借りることができる(ローンを組んで元利を返済する経験をする)
- □ 悪いことをしたら正直にその理由を話す
- □ 親は何があってもあなたの味方である
- □ 友達のやりたいことを応援する

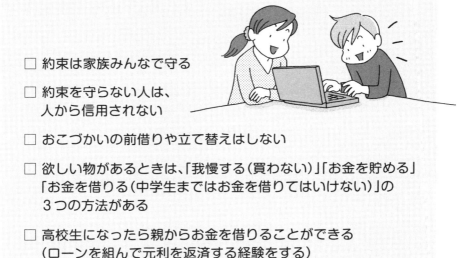

子どもとの約束を撤回してもいい?

翌日――
ママ～ ポップコーンの お土産 わすれない でよ～♪
うん ところでお土産は 2500円まで だからね
それ以上は 買わない って 約束ね
うん
じゃあ ヤクソク ゲンマン
あ～
ママ ポップコーン あったよ♪
おなかもすいたし もう並んじゃ おうか
POP CORN
うう～ん… それにしても 人気あるねぇ
すごい 行列!!
先頭は どこらへんに あるのかなぁ
POPCORN ケース入り 2500円
ハッ

2500円〜〜〜!?
ええ〜〜!?
どうしたの？ママ
紙の容器なら300円で買えるのに〜
や……あのさ！ミサキちゃん
うん
聞いて
ボソ
ボソ
ママねポップコーン容器がこんなに高いとは思ってなかったの
うん
やっぱり300円の紙容器のやつにしてくれない？
え〜!?
こんなふうに子どもに買ってあげると約束したものの——
値段を見て約束を撤回したくなることもあるでしょう
ここでこんなにお金使っちゃったら
他にお土産買えなくなっちゃうよ
ミサキちゃんお願い!!
う〜…
もう！わかったよ!!

ふぅ〜
助かった
でも
もしあなたが
約束したことを
簡単に相手の都合で
撤回されたら
どう思いますか?
あやうく
損する
ところだった……
きっと
悲しい気持ちに
なるでしょう
……
お土産代は
2500円までと
約束したの
ですから
他のお土産が
買えなくなっても
欲しかった容器付きの
ポップコーンを
買うか買わないか
子どもの意見を
聞いてあげる
ことが大切です
約束を自分の都合で
簡単に撤回することを
繰り返していると
たとえ親子であっても
子どもは親を
信用できなくなります
信用できなく
なると
?
お金の教育は
できません

子どもがお金と上手にかかわるようになるには
どうしても親に相談しながら進む必要があるからです
でも信用できない人に相談しようと思うでしょうか?
いいえ
!!
親に相談をしなくなると
子どもは親に隠しごとをするようになって
都合の悪いことは言わなくなります
また親も子どものSOSを察することができなくなります
……
こうならないためにも——
やっぱり容器に入ってるポップコーン買おうか
他のお土産買えなくなっちゃうけど
一度交わした約束は守りましょう
!!

それでもいい?
うん
ミサキこの入れ物が欲しかったの!
約束を守ることは
はい、では2500円になります
お金の教育を成功に導く土台でもあるのですから
キャ♪
ママちゃんと値段を調べておくべきだったよね……
これからは買いたいものは
いくらくらいするのかちゃんと調べなきゃね
子どもは約束を守ってくれた親の姿を見て──
「お母さんは言ったことをちゃんと守ってくれた」
という信頼感を抱くことでしょう
キュッ
ミサキが一緒に調べてあげるから
大丈夫だよ

子どもと交わした約束を守ることは親子間の信頼関係作りに必要不可欠

大人は子どもに「約束したことは守りなさい」とよく言います。小学校でも「約束を守れる子になろう」は標語になるほどポピュラーです。

では、そういう大人は子どもとの約束をちゃんと守っていますか？　遊園地に連れていくと約束をしたのに仕事が忙しくて連れていけない、子どもと映画を観る約束をしたのに気がついたら上映期間が終わっていた……など。子どもにしてみれば、楽しみにしていたイベントがキャンセルになったのですから、「うちの親は約束を守らないから信用できない」と考えても当然です。こうして親子の信頼関係にヒビが入ってしまうのです。

高学年になると、友達からお金を貸してほしいと言われるような場面も出てくるかもしれません。そんなときに、親に相談できないと、貸したのに返してくれないといったトラブルや、手持ちのお金がないから友達や親のお金を盗むなど、さらに大きなトラブルに発展してしまう可能性もあります。

だからこそ、親は子どもと交わした約束は守ることが大事。もし実現が難しそうな約束なら最初からしないことです。

約束をするときは上限を決める

ただし、何かを買う約束をするときは、必ずお金の上限を決めておくこと。このマンガの中ではお土産代は2500円までだったので、容器付きポップコーンを買うことができましたが、もし3000円だったら、約束したお土産代を超えてしまうので買ってあげることはできません。約束したら、どんなに高いものでも買わなければならないというわけではないことも、覚えておきましょう。

おうちお金教育が成功する法則10

子どものお手本になるように、大人が率先して約束を守る

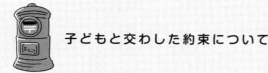

うちの子がお金を盗むなんて!!

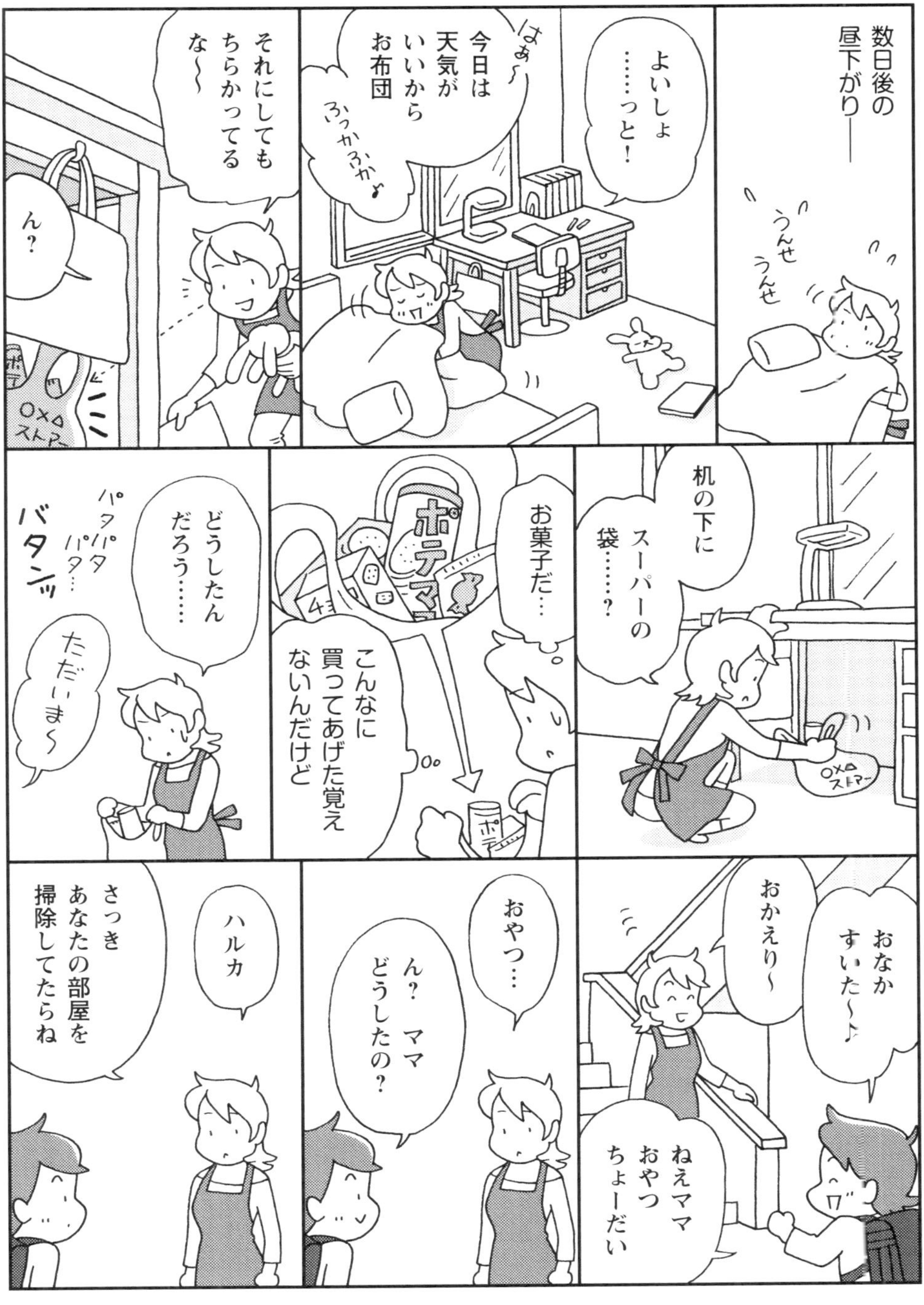
数日後の昼下がり――
うんせ うんせ
よいしょ……っと！
はぁ～
今日は天気がいいからお布団
ふっかふか♪
それにしてもちらかってるな～
ん？
OxΔストアー
机の下にスーパーの袋……？
OxΔストアー
お菓子だ…
こんなに買ってあげた覚えないんだけど
どうしたんだろう……
パタパタパタ…
バタンッ
ただいま～
おなかすいた～♪
おかえり～
ねえママおやつちょーだい
おやつ……
ん？ ママどうしたの？
ハルカ
さっきあなたの部屋を掃除してたらね

ママが買ってあげたことのないお菓子がいっぱいあったけど
あれどうしたの？
えっ⁉
ああ～あれね
この前ルナちゃんと遊んだときにルナちゃんのママがくれたの
あらそうだったんだ
そういうときはちゃんとママに言ってね
お礼の電話しなくちゃいけないいんだから
…うん
早くあがって手洗ってらっしゃい
今日はホットケーキ焼くから
……うん
翌日――
しと しと しと
え？ いや うちはお菓子はあげてないよ
きっとちがうお友達の家でもらってきたんじゃない？
えっ？ そうなの？
大量のお菓子……
減っていたお金……
まさか……
ピッ
ただいま～

今日一日雨だったね…
ハルカ
ちょっと話があるんだけど……
あのね
ルナちゃんのお母さんに聞いたら
お菓子はあげてないって言ってたんだけど――
どういうことなのかママに話してくれないかな
……
自分で買った…
だってそんなにお金持ってないでしょ？
ママの…
ママのお財布からお金……とって買った
ボソ…
まさか
うちの子にかぎって
お金を盗むだなんて……
ぶる
ぶる
ぶる
いくら親のお財布とはいえわが子がお金を盗んだとなれば
親はショックをうけるでしょう
ここですぐに叱ってはいけません
落ちついて…
落ちついて…
子どもの話を聞いてあげてください

必ず理由があるはずです
なぜママのお財布からお金をとっちゃったの？
どうしてなのか教えてくれる？
理由がないのにお金をとったりはしないからです
だってママのお財布いつも机の上に置きっぱなしだから
そうなのです
お金を盗む子の言い分を聞くと——
たいていは悪気がありません
ハルカもお金欲しくなっちゃって
ドキッ
ただ〝見えるところにお金が置いてあったから欲しくなった〟といたってシンプルな動機であることが多いのです
たしかにそうだったね
お財布を机の上に置きっぱなしにしてたママも悪かった
これからは気をつけるようにするね
……
家の中であってもお金はカバンやカギのかかる引き出しなどに入れてください
子どもは親がお金を大事に扱う姿を見て——
ただね
ハルカ
うん
〝お金って大切なものなんだ〟ということを理解するのです

ママ
あなたのこと
信用してたから
今回のこと
すっごく悲しく
なっちゃったの
怒るよりも
素直な気持ちを
伝えてみましょう
もしハルカが
自分で一生懸命
貯めたお金を
とられたら
どんな
気持ちに
なる？
ハッ
いやだ
そうだよね
ママも同じ
気持ちだよ
そうすることで
子どもは
どれほど自分が
いけないことを
したのか
親の信頼を
裏切ってしまった
のかに気がつきます
自分の
お金以外は
相手にだまって
とったら
「盗んだ」と
いうことに
なるんだよ
ママ……
ごめんね
こうして
成長した子は
ごめんな
さい……
いいのよ
わかって
くれれば
将来大人になっても
同じ失敗を繰り返す
ことはないでしょう

お金を大事に扱う姿を子どもに見せてお金の大切さを教える

わが子がお金を盗んだ——という事実を受け入れることは、なかなか勇気のいることです。しかし、これもおうちお金教育の一環。

わが子にはこんな一面があったんだ……ということを小さいうちに発見することで、改善できるのですから、むしろ発見できて良かったのです。

小学生のうちは、「親を困らせてやろう」などといった悪意はほとんどありません。「欲しかったから」「見えるところにお財布が置いてあったから」という単純な理由であることがほとんどです。

頭ごなしに叱ったりしても何の改善にもなりませんから、なぜ盗んでしまったのか子どもの話をよく聞きましょう。そのうえで、親自身もお財布は子どもの目につかないところにしまうなど、お金を大切に扱う姿を子どもに見せることが大事です。

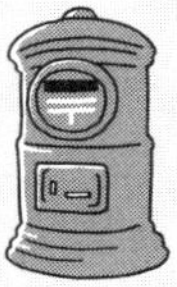

子どもがお金を盗んだとき

お金に対するモラルは小さいうちに身につける

マンガのように、親が子どものやってはいけない行動に気づくことができればいいのですが、中には子どもにお金をとられていてもまったく気づかない方もいます。

すると、どうなるか？　友達の物を盗む、お店の物を盗むなど、どんどんエスカレートしてしまう可能性があります。最初は悪気はなかった〝盗み〟を放っておくと、それが癖となり、悪いことだとわかっていてもやめられなくなることがあるのです。だからこそ、小さいころにお金に対するモラルを身につけておくことが大切なのです。

子どもが発するＳＯＳを見逃さないためにも、子どもの様子をよく見守って、困ったときはいつでも手を差し伸べることができる親子関係を築いておくことも大事ですね。

おうちお金教育が成功する法則11

子どもが「やってはいけないこと」をしたときは まず、その理由をしっかり聞く

高額なものを要求してきたらどう対応する？

母さん
ちょっといい?
キュッ キュッ
さっきユウキと会ってさ
スケボーに乗ってて すごくかっこよかったんだ
スケボーってスケートボードのことよね?
なんか最近また流行《はや》ってきたやつ? こんな形の
……うん
それがさ どうしても欲しいんだ……
どうしても
そんなに欲しいなら 自分のおこづかいで買えばいいじゃない
そうなんだけど
いくらくらいするのかな……って
インドアなこの子が 外で遊べるスポーツグッズを欲しがるなんて……
めずらしい
じゃぁ明日にでも一緒に見に行ってみる?
いいの?

そして翌日――
あっ！あった♪
Ground Surf
そう でおいくら？
12,980円（税込）
ground Surf
Surf
あ～……
高い！高いよぉ
大ショック
ヘナ～……
おこづかいなんかじゃぜったいムリだよ～……
う…なんかかわいそう…
でもこれでユウキたちと一緒に遊びたいし……
ふだん家で地味～～に遊んでばっかりだったこの子が
せっかく外で友達と遊びたいって言ってるし……
……買ってあげちゃう？
う～ん……
子どもが「欲しい」と思うものが高額なものだと
親としてはつい買ってあげてしまいがちですよね
でもそれでは子どもに
親に言えばなんでも買ってもらえる
と思わせてしまうだけです
おっ
うっ！それはまずい

ヒロ君
自分が欲しいものなんだから
どうにかしてお金をやりくりできないか考えてみない?
でもこんなに高いんだよ
買えないよぉ〜
お年玉も使っちゃったし…
買える方法があるかもしれないじゃない
えっ!どんな方法?
そ・れ・は!ヒロ君が考える!
すっごく欲しいものなんでしょ
コラ!
ほら!母さんも一緒に手伝ってあげるから
とりあえずカタログ持って帰ろ!
ground Surf
うん
欲しいものが高額であろうがなかろうが
まず自分のお金の中でやりくりできないかを考えさせてみましょう
そうすることでどうすれば欲しいものが手に入るのか
母さん、すっごくたくさん種類がある!
カラーリングだけで全然値段がちがうよ!
う〜ん……
デザインと実用性、どっちを優先するかよねぇ
自分で考える力がつくのです

ただいまー
母さん！ユウキはネットショップで買ったんだって！
ネットショップ？
じゃあ母さんにまかせなさい！
大人だって欲しいものを手に入れるには
なるべく安い店を探しますよね
あーー！これだよっ!!
うわっ1万円しない店もあるよ!?
へ〜〜いい情報もらってきたね
子どもだって欲しいものを自分で手に入れるという目標ができると
最安値!!
8980円見つけた！
あ 母さんこのショップ利用したことあるよ
商品をリサーチするようになるのです
対応よかったから安心ね
ふ〜……
それでも全然足りない……
これが現実か
……。
かくなる上は……
あの手を使うしかないか

おばあちゃんち――
おばあちゃん　もっと仕事ない？
ありがとう　助かるわぁ
おばあちゃん　ボクさ
今　すっごく欲しいものがあるんだ
スケボーって言ってね
あら　そうなの？
お母さんと自分のお金でやりくりするって約束したんだ
まぁ！
えらいじゃないか
いろいろやりくりしたんだけど
どうしてもお金が足りなくて
ピタッ
それは困ったねぇ…
で
おばあちゃん
いつもボクの誕生日にお祝いくれるでしょ？
うんうん
そうねぇ
今度の誕生日はプレゼントいらないから
スケボー代5000円
援助してくれないかな!?

これも交渉力を育てることにつながります
……
ドキ ドキ ドキ
ヒロ君の気持ちはよくわかったよ
はい じゃあ次の誕生日のお祝いとして
……っしゃー!!
自分の交渉次第で相手を納得させてお金を出させるということは
将来仕事の上でも大いに役立ちます
たとえば社内でプロジェクトを任されたり
起業したりするときに
信頼できる取引先やスポンサーを
見つけることができるかもしれません
この方法を知らないと上手にお金を集めることができないので
多くの借金をしてしまうことにもなりかねません
借金
ひ〜〜!
ですから誰かにお金を出させるのも
生きるための能力と考えて
いいのではないでしょうか
お金を出す人
お金を生かす人

やった〜!!
あと…4000円だぁ〜〜!
ドキ ドキ ドキ
毎月1000円もらってるおこづかいを全部貯金して……
これ買えないのはつらいけど……
スケボーのためだ!!
がんばるぞ!
4カ月後
うわぁぁ…
ついに手に入れたぞ!!
欲しいものを自分の力で手にした経験は
子どもに大きな達成感を与えます
大事にしてるなぁ
キュッ キュッ
この達成感を知ることは
母さん、おばあちゃん、見て見て!けっこう乗れるようになったよ〜
おーい!!♪
ヒロトー
一緒に遊ぼうよー
将来欲しいものを手に入れるためにお金をコツコツ貯める
持続力にもつながるのです

本当に欲しいものを自分の力で手に入れて「達成感」という経験をさせる

今の時代、子どもが欲しいものが高額なものになっている傾向があります。高額なものを子どものおこづかいの範囲で買わせようと思うと、たしかに無理があります。

だからこそ、どうすれば欲しいものが手に入るかを考えさせることが重要になってくるのです。

欲しいものを自分の力で手にする経験をした子は、将来貯金上手になります。

貯金とはコツコツとお金を貯める作業ですが、目標額に達し、そのお金で欲しいものを手に入れる達成感を知らなければ、ただの苦行です。

しかし、欲しいものを自分の力で手に入れる経験をしていると、苦労してお金を貯めたあとに達成感があることを知っているので、自然と貯金ができる体質になるのです。

せっかく貯めたお金を使うことに抵抗がある子もいるかもしれませんが、お金は貯めるだけでなく、欲しいものを手に入れるためのものであることも教えてあげましょう。

苦労してでも手に入れたいものが明確になる！

もうひとつ、欲しいものを自分の力で手に入れることは、「自分が本当に欲しいものは何か」を考えることにもつながります。じつは、子どもたちに「自分のお金で買いたいものを書いてください」と言うと、何も書けない子がほとんどです。親がなんでも買ってあげているので、自分のお金で買いたいものがわからないのです。

しかし、大人になれば、決められたお給料のなかで欲しいものに優先順位をつけて選ばなければなりません。そのときに、何を選び、何をあきらめるか……その取捨選択を明確にしてこそ、本当の幸せを手に入れることができるのではないでしょうか。

おうちお金教育が成功する法則12

どうすれば欲しいものが手に入るのかを子どもに考えさせる

たけや家のおうちお金教育 3

お金の管理が苦手な子におすすめの「つかった帳」

おこづかいを始めると「おこづかい帳」を子どもに記入させる方も多いと思います。おこづかい帳は、残高を見ながら「今月はあと100円しか使わないようにしよう」など、お金の管理をさせるのに最適です。

しかし、残高に関係なく欲しいものを買ってしまうようなお金のやりくりが苦手な子には、おこづかい帳はあまり効果的ではありません。

わが家でも、定額制を断念し、おだちん制を続けていた息子には、おこづかい帳は少しハードルが高かったようです。そこで、考えたのが「つかった帳」！

つかった帳とは、おだちん制、もしくは子どもが必要とするお金をその都度わたす方法をとっている場合に、有効な管理ツールです。

予定額を書かせてから購入！

つかった帳は、一般に売られているおこづかい帳を利用してかまいません。

買った物とその金額を書きこむだけでOK。そして、月ごとに毎月使った分の合計額を残高欄に書いてでき上がりです。

ただし、買いたいものを買う前に、予算立てを

します。そのものの予定額を鉛筆で記入させ、実際に買い物をしたあとにレシートを見ながら正しい金額に書き直させるという作業を行います。

　こうした作業をすることで、正確な物の価格と自分が予定した価格の差を実感し、正しい金銭感覚を身につけることができます。

　じつは、お金の管理ができない人の多くは、金銭感覚に問題があります。大人になってから取り返しのつかない事態を避けるためにも、つかった帳で正しい金銭感覚を養うレッスンをしましょう。

安く予想しすぎて買えずに帰ってきた息子

　息子が小学生のときの話ですが、ヒコーキのプラモデル作りが趣味だった息子が買いたいものと言えば、もっぱらその材料。

　以前は予定価格を安く見積もりすぎて、持っていったお金では何も買えずに家に戻ってきたこともありました。そんな失敗を繰り返した結果、ヒコーキの材料ならほとんど誤差なく価格を見積もれるまでに成長しました！

　面倒な作業ではありますが、こうしてお金を使ったらつかった帳に書いていくことで、「工作には毎月いくらぐらいかかっている」「○○は消費が多い」といった、自分自身の消費傾向や行動を知ることができるようになるのです。

　お金の管理が苦手な子どもは、成長もゆっくりです。親は焦らずアシストしてあげてください。

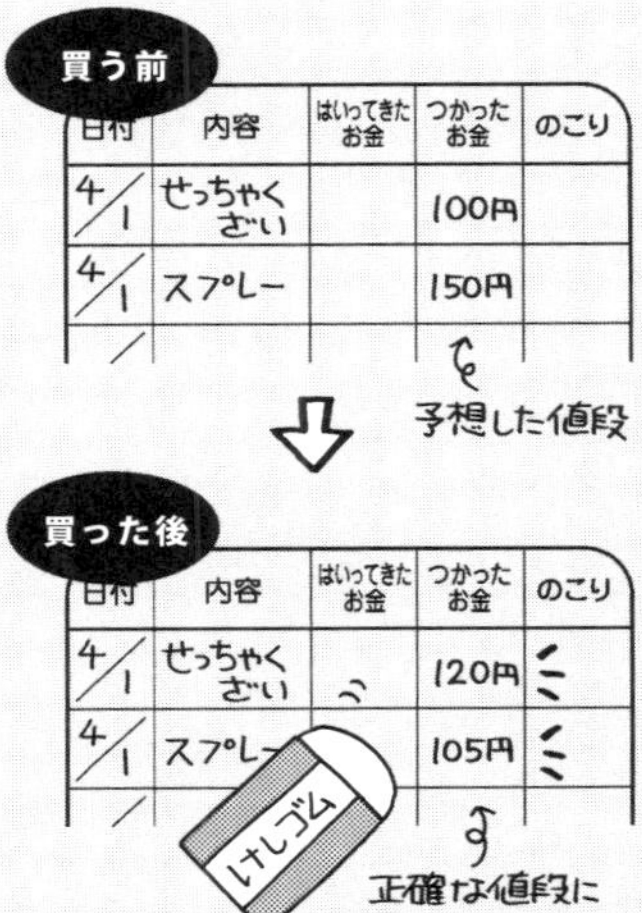
買う前
日付
内容
はいってきたお金
つかったお金
のこり
4/1 せっちゃくざい 100円
4/1 スプレー 150円
予想した値段
買った後
日付
内容
はいってきたお金
つかったお金
のこり
4/1 せっちゃくざい 120円
4/1 スプレー 105円
けしゴム
正確な値段に書き直す

子どもからも言わせて！

Q ビットコインってどんなお金？

A ドルや円は国の通貨ですが、ビットコインは国の通貨ではありません。買い物の代金などの支払いに使えたり、日本円などと交換したりできる電子的なお金のことです。日本では暗号資産といわれ、金融庁・財務局への登録制がとられています。

ビットコインは、日本だけではなく海外でも利用できるなど便利な面もありますが、価格が大きく変動してしまう可能性もあります。

ビットコインに興味があるなら、しっかりと知識を身につけましょう。

Q フリマで売ったり、買い物をしたりしてもいい？

A 「メルカリ」や「ヤフオク」などのフリマのネットサービスを使って売買をしたいと思うかもしれませんが、会社によって、未成年の利用に違いがあります。原則、小学生は勝手にひとりで出品や落札をすることはできません。親などの親権者が同意したという前提でサービスを使うことができます。

不要品を出品したいときは、親に相談しましょう。不要品であっても、ほかの人にとっては欲しいものということもあります。要らないから捨ててしまうのでなく、再利用して物を大切にすることを学ぶ機会になるといいですね。

小学校全学年に共通する
おうち
お金教育

4章

お金と幸せに付き合える大人になるために

お金で成功する人もいれば、失敗する人もいる世の中。
わが子には、お金といい距離を保ちながら
幸せに付き合ってほしいですね。
そのために今できることをお伝えします。

リアルなお金を実感させて、「生きる力」を養おう

高校の講演では、一人暮らしをするとしたら、1カ月に必要な生活費はいくらか、という話をします。生活費には家賃、食費、水道光熱費、通信費などがかかります。「20万円くらい必要だね」と話をするのですが、では「この20万円って、どう稼ぐの?」という意地悪な質問をします。

時給千円のアルバイトなのか、毎月決まった給料がもらえる会社員なのか、お金を稼ぐ手段を考えさせます。生きていくこと、そのために必要なお金を稼ぐということが密接な関係にあると理解させることが大切だからです。

お金持ちへの夢を抱く前に、自分が生きていくためにはいくら稼がなければならないのか、リアルな数字に気づかせてあげることです。長い人生では、さまざまな苦難にぶち当たることもあるかもしれません。たとえば、勤めていた会社が倒産したり、事業がうまくいかず廃業したり、生活に直面するような厳しい状況です。大きな壁が立ちはだかったとしても、お金の教育を通して、諦めることなく小さな階段を少しずつ上っていける「生きる力」を身に付けてほしいと思っています。

仕事を失い収入がなくなっても、貯金があればそれで当面の生活を維持して、その間にどのように生活を立て直すか考えられます。もし、貯金もせずに、収入のすべてを使ってしまっていたら、ピンチのときに頼れるお金がありません。お金が足りなければ、その範囲で暮らすように生活をシフトすることも「生きる力」なのです。

伝　え　る　こ　と　リ　ス　ト

- □ 家族の1カ月分の生活費を
子どもに教える
- □ 日本の円のほかに、海外には
さまざまな通貨がある
- □ 働き方や職業によって、
もらえるお金に違いがある
- □ 災害に遭ったり失業したりしたときに、
貯金があれば生活を立て直せる
- □ 貯金があれば、やりたいことが見つかったときに
使うことができる
- □ 夢中になれるような好きなことを大切にする
- □ 夢が見つからなくても、焦らなくていい
- □ どんな職業に就くとしても、
必要最低限の教育費がかかる

貯金の意味を教えたいときは？

お母さん お母さん!
オレの お年玉 銀行にある よね?
うん あるけど
それ
おろして くれない?
なんで?
ピョコン
先週発売に なったばかりの ゲームソフトが 欲しいんだけど
お金が 足りないん だよ~
ダメ!!
そんな理由で いちいち お金をおろし てたら すぐ貯金が なくなっちゃ でしょ!!
なんでだよ!
オレのお金 なんだから オレが好きに 使ってもいい だろ!!
ダメったら ダメ~!!
はあ~!?
意味わかんない
なんで自分のお金を 使ったらダメ なんだよ~
ワー
ワー
あ~!!
どう言ったら わかって もらえるの~!!

そんなときは子どもに「貯金」の持つ2つの意味を教えてあげましょう
ケンタ
なんのために貯金をするのか知ってる？
なんだよ〜 そんなの知らないよ〜
あなた中学生になったら
カッコイイ自転車が欲しいって言ってたよね？
ビクッ
その自転車
マウンテンバイクタイプのすっごく高いやつだから
ママが全部お金を払ってあげられないかもしれないんだよね〜
でもさ今から少しずつ貯金をしておけば
そのお金で手に入れられるかもしれないよねぇ
1つは欲しいものを買うためや夢を叶えるために貯めるということ
もう1つは
それにもしも
ケンタが大事にしているゲーム機が壊れたりしたらどうする？
すっごく困るっ
貯金があれば
すぐ修理に出して直したりできるよね？
うんうん
予想外の支出に対して余裕を持たせておくためということを

予想して なかったお金が 出ていくことも あるから
そのためにも 貯金は必要って わけよ
このように 貯金は将来のための お金であるという ことを
教えて あげましょう
う〜…
わかるような わからない ような…
考えてる 考えてる
じつは お母さんも 同じように お金を貯めて いるんだよ
えっ？
がんばって 貯金した から
来年くらいに 新しい車に 買い替えることが できるかも しれないの よね〜
車!? お母さん すごいっ
それに 家族の誰かが 病気になったり
おうちを 直さなきゃ いけなく なったりする ことだって あるよね？
そんなとき お金がなかったら どうする？
ドキン
えっ!?

病気を治せなくなったり
壊れたままのおうちで暮らさなきゃいけなくなったらどうする？
え……？
困る……っていうか
すごくいやだ！
そうだよね
だからそんなときのためにも
ちゃんとお金を出せるように――
小さいうちに「貯金」の役割を教えてあげると
お母さんはお金を貯めているんだ
……わかったよ
今回のゲームソフトはあきらめるよ
お金とは欲しいものを買うだけのものではなく
別の役割があることも理解できます
数日後――
……
お母さん
この前銀行に預けたお金ってさ
うん
花のための土

本当に銀行に置いてあるの？
じー…
まさか車買うお金の一部になってるとか……
疑われてるよね～
花のための土
何？そんなに心配？
うん
ちょっと心配
ほら これ見て
ケンタの通帳よ
1月5日 5000円預け入れってあるでしょ
お年玉ね
うん
ちゃんと5000円入れたっていう証拠だよ
子どもの貯金は子どもの名前で通帳を作り親が管理してあげましょう
ちなみにケンタが赤ちゃんの頃からもらったお年玉も
お母さんこの通帳にずっと貯金しているよ
うわぁ！ほんとだ!!
お年玉などを一方的に親にとられたと感じるお子さんもいます
そんなときは通帳を見せて――
ケンタの大事な大事なお金だもんね！
わ～…
オレのお金だよ～
ちゃんと管理しているということを伝えてあげると子どもは安心します

えっ!?
うわ！何これ8万円!?
ねっ！
ちりも積もれば山となるってことわざがあるけど
ケンタのお金はお母さん使ったりしないで
し〜っかり貯めてるから安心して！
いち、じゅう、ひゃく、せん、まん……ほんとに8万円だ〜!!
お母さん
今度自分で銀行に預けに行ってみたい！
へぇ〜
ケンタも貯金に興味が出てきた証拠だね
よし！今度一緒に銀行に行こう！
銀行によっては「お金の一生」について学習できるツアーや
銀行の仕事を体験できるイベントもあるらしいから
今度参加してみる？
行きたい♪
行きたい♪
そんでその体験を夏休みの自由研究にまとめる！
題して『ボクとお金の一生』
めざせ！文部科学大臣奨励賞!!
なんか壮大な話になってきたねぇ〜
がが……がんばって……

貯金の役割は「欲しいものや夢の資金にする」「予想外の支出に備える」の2つ

たいていの子どもは、「お金を貯めてしまう子」と「すぐ使ってしまう子」の2つのタイプに分かれます。しかし理想的なのは、貯金もできて、本当に欲しいものを手に入れるためにもお金を使える子。そんなバランスのいいお金の使い方ができるように、親は導いてあげなくてはなりません。

そのためにも「貯金」の役割をしっかり理解させることは重要。

貯金が将来のために役立つお金であることがわかれば、貯めがちな子は目的なくダラダラと貯めることがなくなりますし、散財しがちな子は貯金がないと将来困ってしまうことに気づくようになるでしょう。

ふだん手元にある生活に必要なお金と貯金はまったく異なる役割があることがわかると、将来、上手にお金と付き合っていけるようになるのです。

銀行口座を活用しよう

すでに子ども名義の口座を持っていても、子どもと一緒に口座開設する手続きを一緒に経験してみてください。15歳未満の口座開設は原則親権者からの申し込みとなります。

口座の使い分けは、すでにある子ども名義の銀行口座にはこれまでどおりお年玉を貯めておき、新しく作った口座には、おこづかいの中で貯まったお金や親戚などからもらった臨時収入を貯金します。高額な買い物の際に引き出すなど、使い勝手のいい小口用の口座として使えます。また、この先、フリマのネットサービスを利用するときやアルバイトの給与の振込先としても利用することができます。

経済に興味を持つきっかけを作ろう！

小学校中学年以上になれば、預金を通じて銀行の仕組みに目を向けさせてあげることもおすすめ。銀行に預けたお金は、会社やお店、家庭など、お金を必要としているところで循環していることを話してあげると、自分の預けたお金が社会で役立っていることを実感できるかもしれません。

高学年になれば、夏休みなどに開催される銀行での子ども向けイベントに参加するのも

千両

いいですね。社会の中でのお金の流れをわかりやすく解説してくれるものもあり、金融経済に興味を持つきっかけ作りにもなります。

こうした体験をとおして、お金を使う楽しみとお金を貯める楽しみの両方をバランスよく兼ね備えた大人になれるかもしれませんよ。

＊銀行以外にも利用できる金融機関はあるので、親子で話し合ってみましょう。

おうちお金教育が成功する法則13

貯金をきっかけに「お金は社会で循環している」ことを教えよう

預金したお金の流れ

企業などで働いて得たお金のうち、銀行に預けられたお金（預金）は、資金を借りたい家庭や企業に貸し出されます。その代わりに家庭や企業は、借りたお金に利息をつけて返します。

＊銀行にはいくつかの業務がありますが、ここではその一例を解説しています。

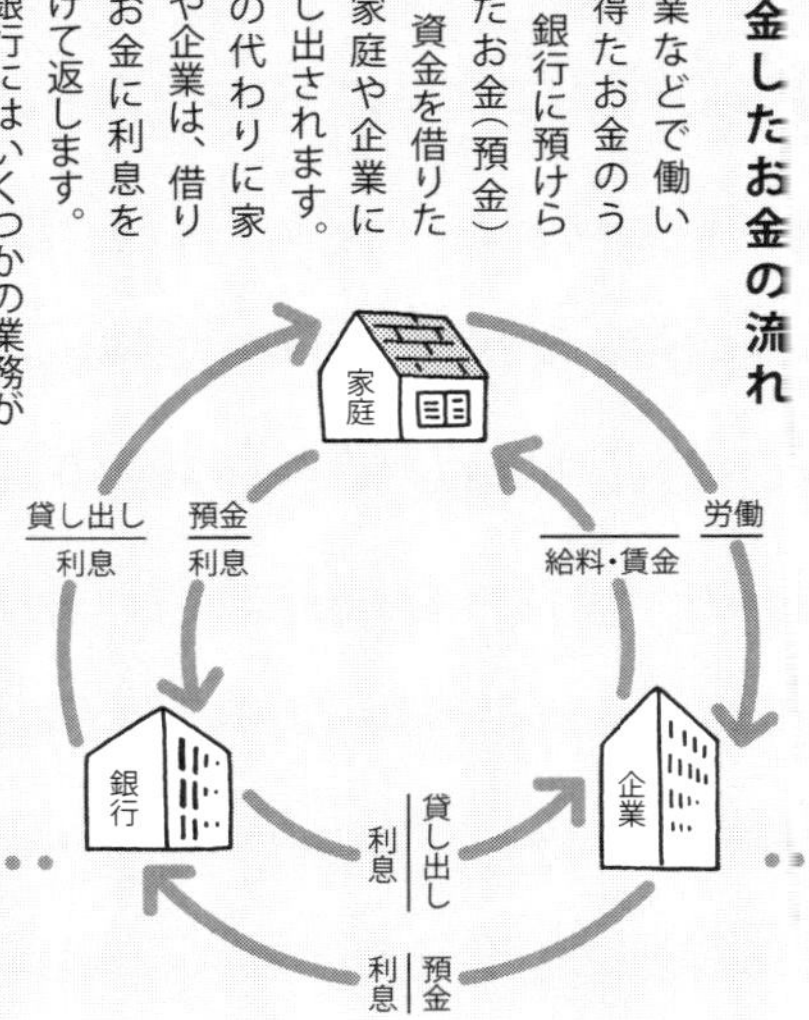

家庭
労働
給料・賃金
企業
貸し出し
利息
預金
利息
銀行
貸し出し
利息
預金
利息

episode 14

子どもの夢を叶えてあげるには?

ナナミちゃんのパパ
ナナミちゃんのママ
ナナミちゃん
小学3年生

こちらご予約をいただいておりました
バースデーケーキでございます
確認をお願いします
うわ～ぁきれ～い！
それに美味しそうねぇ
ケーキもお店もお姉さんもみ～んなステキ～♪
おめでとうございます！
私もかわいいケーキ作ってみたいなぁ～
ナナミちゃ～んパパ待ってるよ～

ハッピバ〜スディ
ディア ナナミ〜
ハッピバ〜スディ
トゥーユー
ふぅ〜〜
わぁ〜 パチパチ パチ〜
おめでとう〜ぅ
はーい ケーキ入刀で〜す
や〜ん♪ 切るのもったいな〜い
パパは早く食べたいよ〜
はぁ〜 ケーキってさぁ……
美味しいだけじゃなくて すっごくきれいっていうのもすごいよねぇ
私も将来ケーキを作る人になって
ケーキを食べた人みんなに笑顔になってもらいたいなぁ
おっ
ナナミの将来の夢はパティシエか?
ぱてしえってなに?
ケーキを作る職人さんのことをパティシエっていうのよ
へぇ〜 なんかかっこいいねぇ
パティシエかぁ……
ナナミはパティシエに本気でなりたいの?

うん！
なりたい
じゃあさ パティシエになるためにどんなことが必要か一緒に考えてみようか
子どもが将来の夢の話を始めたらお金のことを話すいい機会です
まず
ケーキ作りの専門学校に通わなきゃいけないわよね
ケーキ作りのコンクールとかにも出なくちゃだし……
本場のケーキを習いたいなら
パリとかに留学ってこともあるかもしれないな
留学？
そう
外国に行ってケーキ作りの勉強をしてくるんだ
外国に行くの!? すご〜い!!
私ね
自分のケーキ屋さん持ちたいんだ〜
だったらお店を作ることも必要だな……
なんだかやることいっぱいあるねぇ〜
うん
お金もいっぱいかかるけどね
夢を叶えるために何が必要で
そのためにはいつまでにいくらぐらいお金が必要かなど

おおまかなライフプランを立てながら親子で話し合うといいでしょう
専門学校も大学並みにお金がかかりそうだし
ケーキのコンクールに出るにはその前に何度も試して作らなければならないでしょ？
お菓子の材料代もけっこうバカにならないわよ
留学したりお店を持つなら
さらにお金がかかるよね
ざっと見積もって1000万円くらいは必要だよ
1000万円って？
う〜ん……
パパとママが1年間働いてやっともらえるお給料くらいかな
そんなにお金かかるの!?
大丈夫かな？
ハハッ
もちろんパパもママも協力するよ
でもナナミ自身も夢を叶えるためにはお金を貯めなきゃね
うんっ
そうすることでより現実味が増して目標に向かう気持ちがわいてきます

お金を貯める……かぁ
一流になるにはそれだけお金がかかるってことわかった？
ふぅ
子どもにお金の話をすると
少しシビアに感じてしまうかもしれませんが
でも真剣に努力すればみんながファンになってくれる有名なパティシエになれると思うよ
もし学びたいときにどうしてもお金が貯まっていなければ
また別の方法を考えればいい
どれくらいのお金が必要かを知ることで
中途半端な気持ちではいけないこと
一生懸命働かなければならないことを知るでしょう
努力すれば
お金をかけた分はちゃんと返ってくるから
とにかくがんばることが大切だよね

じゃあ 私 今日から毎日 10円ずつ 貯金する！
おっ いいねぇ
私たちも 今日から ナナミの 夢のために パティシエ貯金 しようか！
うん！ いいねぇ
あ〜〜!! やっぱり貯金って 目標があるほうが 燃える わよねぇ〜
ワーイ！
よ〜〜し！ じゃあ ナナミの未来に
カンパーイ

将来の夢の話をきっかけにお金と人生について考えさせる

子どもが将来どんな職業に就きたいと思っているのかは、親としては無関心ではいられないですね。企業が行う「将来なりたい職業ランキング」には、ユーチューバーや声優など時代を反映した職業が登場することも珍しくありません。小学生のうちはパティシエやサッカー選手など自分が好きなことやもの、得意とすること、憧れていることなど興味があることへストレートにつながっています。しかし、中学生、高校生となっていくと、教師や看護師など身近であったり、親がすすめたりする職業が上位に登場してくる傾向があります。

子どもの将来の夢の話は、聞いているだけで幸せな気持ちになりますが、それで終わるのではなく、せっかくですから、実際、その職業に就くにはどんな資格や勉強が必要で、いつ、どれくらいのお金がかかるのかを話し合ってみましょう。おおまかな道のりと金額を話すのか、細かい手段や金額まで出すのかどうかは、子どもの成長に合わせてください。

小学校高学年〜中学生くらいになれば、その道に進むためには、いくらぐらいかかるの

かを子ども自身に調べさせてもいいですね。自分の考えている夢を実現するためには、どうやってお金を貯めなければならないのか、また、どうすれば実現できるのか、他に方法があるのか、などを自分なりに答えを見つけてくるようになります。

親も資金を準備しなければいけない場合も

もし、本当に子どもの決心が固いようなら、親もそれなりに資金を準備しなければいけません。そこで、次のページにある「夢を叶えるライフプラン表」に子どもと将来の夢について話し合いながら書きこんでみましょう。具体的なイメージを持つことは、夢を実現させる原動力となるでしょう。

おうちお金教育が成功する法則14

夢を叶えるには、どんな資格や勉強が必要で、
いつ、どれくらいのお金がかかるのかを親子で考える

夢を叶えるライフプラン表作り

下の記入例を参考にしながら、左ページに
子どもと一緒に将来の自分のイメージを自由に書き出してみましょう。
夢が現実となるかもしれませんよ。

記入例

わたしの夢と目標

わたしの夢は、パティシエになることです。
わたしが作ったお菓子をたくさんの人に食べてもらい、
幸せな気持ちになってほしいからです。

今のわたし

年齢	どこで	どう暮らす	勉強や趣味など、どんな自分磨きをしていますか?	かかるお金
10歳	東京の家で	・家族4人と暮らしている ・地元の小学校に通っている	・塾に通い始めた ・バレンタインデーには、母とお菓子を作った	・30万円×3年間(塾代)

中学生

年齢	どこで	どう暮らす	勉強や趣味など、どんな自分磨きをしていますか?	かかるお金
13歳	東京の家で	・家族4人と暮らしている ・地元の中学校に通う	・塾に通っている ・料理クラブに入って活動する。好きなお菓子の本を買って研究する	・40万円×3年間(塾代) ・1万円×3年間(本やお菓子代)

高校生

年齢	どこで	どう暮らす	勉強や趣味など、どんな自分磨きをしていますか?	かかるお金
16歳	東京の家で	・家族4人と暮らしている ・高校に進学する	・家政科のある私立高校に進学して調理師免許をとる。	・350万円(高校在学中の学費など)

専門学校・短大・大学生

年齢	どこで	どう暮らす	勉強や趣味など、どんな自分磨きをしていますか?	かかるお金
19歳	パリに留学	・製菓専門学校に通う ・卒業後は憧れのケーキ屋さんに就職する	・コンクールにもチャレンジしたい	・200万円(専門学校学費) ・10万円(自主研究費)

書きこみ用

わたしの夢と目標

今のわたし

年齢	どこで	どう暮らす	勉強や趣味など、どんな自分磨きをしていますか?	かかるお金
歳				

中学生

年齢	どこで	どう暮らす	勉強や趣味など、どんな自分磨きをしていますか?	かかるお金
歳				

高校生

年齢	どこで	どう暮らす	勉強や趣味など、どんな自分磨きをしていますか?	かかるお金
歳				

専門学校・短大・大学生

年齢	どこで	どう暮らす	勉強や趣味など、どんな自分磨きをしていますか?	かかるお金
歳				

たけや家の 4 おうちお金教育

おこづかい帳はシンプルなものを選ぶ

おこづかいを始めても、子どもがおこづかい帳を付け続けられず、親から一方的におこづかいを止めてしまう残念なケースが多いのです。おこづかい帳は算数のためではなく、お金の出し入れの記録のためと割り切りましょう。

そして、おこづかいを長く続けるためにも、おこづかい帳はシンプルなものを選んでください。また、KANRI箱に入るサイズだと、一緒に収納ができるので便利です。

おこづかい帳のタイプは、銀行の通帳式がおすすめです。その理由はとにかく簡単手間いらずだからです。

毎月の繰り越しがあったり、家計簿のように目的別のページがあったりするものはあえて選びません。ただし、子どもがおこづかい帳に興味を示したら、子どもにおこづかい帳を選ばせてあげましょう。

通帳タイプのおこづかい帳の付け方は簡単。1冊を使い切るまで繰り越しがないため、お金の動きがあったときだけ書き込めばいいのです。

図書カードやクオカード、電子マネーなども現金と同様に「入ったお金」「使ったお金」として記入します。もしも、手元のお金とおこづかい帳の残

高が合わなくなったときは、手元の残高に合わせて再スタートすればOK。とにかく継続することに意味があります。

親子の信頼関係を深めるツールにしよう

おこづかい帳にメモなど書けるような余白があれば、「今月は使いすぎちゃった」など、子どもにそのときの気持ちを書いてもらうようにしましょう。そして、おこづかい帳のチェックを親がして、しっかりアシストしましょう。

どんなものを買っている、または、お金を全然使っていないなど、メモのコメントやおこづかいの状況について質問したり、子どもの気持ちを聞いたりすることで共感ができます。そのおかげで親子の会話が増えますし、親子関係も深まります。

一番よくないパターンは、子どもに渡しっぱなしや、ほったらかしにしてしまうこと。子どものモチベーションが下がってしまい、おこづかいに興味がなくなり、お金自体を嫌いになってしまうかもしれません。

わが家では、キャラクターのスタンプをページごとに押していました。スタンプは、「ちゃんと見ているよ！」「上手にできてるね！」という親からのエールになりますので、実践してみてください。

おこづかい帳の見本

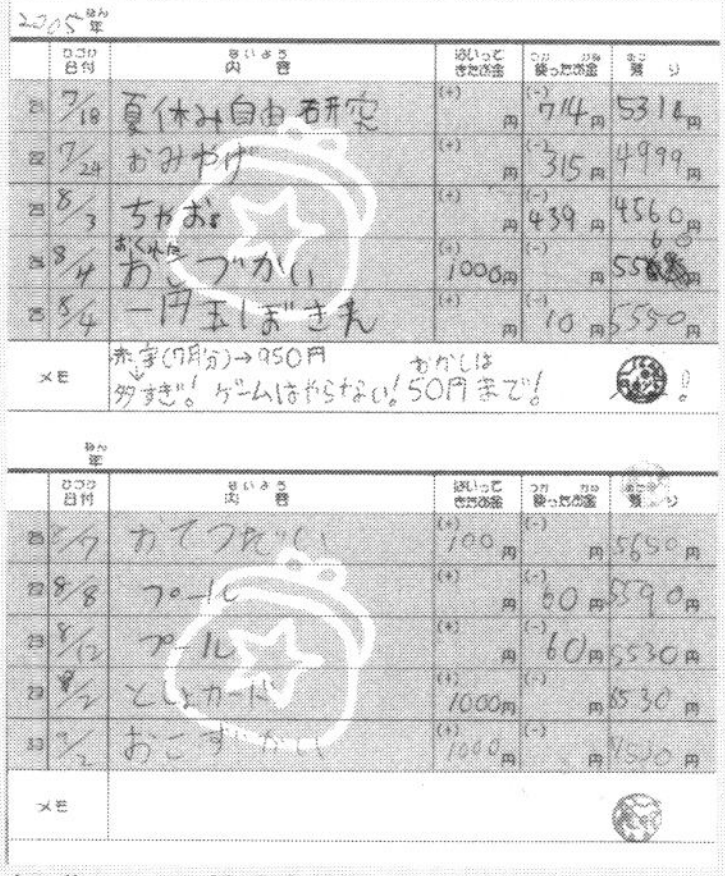
2005年《ねん》

日付《ひづけ》	内容《ないよう》	はいってきたお金	使《つか》ったお金《かね》	残《のこ》り
7/18	夏休み自由研究	(+) 円	(-) 714円	5316円
7/24	おみやげ	(+) 円	(-) 315円	4999円
8/3	ちゃお	(+) 円	(-) 439円	4560円
8/4	おくれた おこづかい	(+) 1000円	(-) 円	5560円
8/4	一円玉ぼきん	(+) 円	(-) 10円	5550円
メモ	赤字(7月分)→950円 多すぎ。ゲームはやらない！ おかしは50円まで！			

年《ねん》

日付《ひづけ》	内容《ないよう》	はいってきたお金	使《つか》ったお金《かね》	残《のこ》り
8/7	おてつだい	(+) 100円	(-) 円	5650円
8/8	プール	(+) 円	(-) 60円	5590円
8/12	プール	(+) 円	(-) 60円	5530円
9/2	としょカード	(+) 1000円	(-) 円	5530円
9/2	おこづかい	(+) 1000円	(-) 円	[illegible]
メモ				

（出典：SAKU株式会社）

親も知っておきたい！新時代のお金教育

キャッシュレス化により、お金というものは、単なる紙幣や硬貨だけではとらえられない時代になりました。子どもたちが活躍する時代は、今とはお金に対する概念も変わっている可能性があります。難しく感じるかもしれませんが、新しく取り入れられるお金の概念や使い方などに、興味を持ってみましょう。

また、技術革新に伴い、働きかたも大きく変化しています。働いてお金を稼ぐことは基本ですが、投資でお金をもうけることができるということも、知っておく必要があります。

ここでは、家庭でお金の教育をする際に、ぜひ知っておいてほしいことをお伝えします。お金、経済のさまざまな面を見るという気持ちで、読み進めてみてください。そして、新しい時代のお金の教育として、子どもの成長とともに、一緒に学んでいただければと思います。

キャッシュレスが当たり前になる時代に

お金の教育をする際は、積極的にデジタル化へ取り組むことをおすすめします。お金の教育においてもキャッシュレスは避けて通れないからです。

キャッシュレス決済には、「前払い（プリペイド）」、「後払い（ポストペイ）」、「即時払い（リアルタイムペイ）」があります。

前払いは、お金をカードなどにチャージして使う電子マネー（PASMOなど）のこと。

後払いは、買い物をして代金は後で支払うこと（クレジットカード）。

即時払いは、お金を支払うときにすぐに銀行口座から引き落としされる仕組み（デビットカード）のこと。

親も知っておきたい！
新時代のお金教育

また、QRコードやバーコードを用いて支払いができる決済の仕組みも急速に普及し、「〇〇pay」という文字を多くのお店で目にします。この「〇〇pay」は、クレジットカードや銀行口座引き落としの支払方法のほか、チャージする方法を選ぶ場合は子どもでも利用できます。

キャッシュレス決済は、かさばらないし、お釣りがなく、利用明細を残せます。コロナ禍では現金に触れないという安心感もあります。

一方で、カードの場合は表面からは残高が分からない、また、使った実感がないという一面もあります。

これらのなかで、チャージをして使用する「前払い型」（以下、電子マネーという）は、お金の教育に取り入れることができます。

電子マネーを子どもに渡すときは、使ったときはレシートを必ずもらい、残高を確認するように伝えましょう。レシートはノートなどに日付順に貼っておくと、使った記録が残るだけではなく、残高の確認ができて便利です。コンビニなどで使うときには、決済時にその金額が正しいかどうか確認することを伝えましょう。

金額を確認するのは、現金でも電子マネーでも変わりません。

おこづかい帳を付けていれば、使った電子マネーの用途と金額も忘れずに書き込みましょう。

おこづかい帳を付けていなくても、ノートなどに貼っておくだけでもいいのです。あれもこれも子どもにやらせてしまうと、その作業を負担に感じてしまうので、子どもに押し付けてしまうことがないように見守ってください。

今は、電子マネーを塾や習い事などの移動手段のために渡す機会も増えています。その場合は、渡す「目的」をきちんと説明しましょう。

ときには、親に言わずにコンビニでジュースの1本も買ってしまうかもしれません。それがわかったとしても、頭ごなしに叱らずに、まずは「その理由」をじっくり聞いてから、約束は守るように伝えましょう。

将来、決済のほとんどがキャッシュレスになったとしても子どもが困らないように、適切にお金を使う力を育てていきましょう。

存在しない職業に就く子どもたち

以前ある新聞で「今の小学生の65％以上が、将来、現在存在しない職業に就く」という衝撃的な記事を読みました。当時小学生だった子どもたちは高校生になっているのですが、彼らはどんな職業を選択するのでしょう。

私はお金の教育を子どもたちに実践していますが、単にお金の管理について学ぶだけでなく、お金を通して稼ぐ方法や、そのためにはどのような学びや知識が必要なのかについても話していきます。それは、自分の特性を生かせる職業や居場所を見つけてほしいからです。社会で自立するための家庭教育で、まさに「生きる力を身に付ける教育」なのです。

たとえば、ユーチューブなど動画サイトが誕生すると、そこに新たな市場や職業が生まれます。また、AIの発達も然りで、これによって新しい職業が生まれる代わりに、衰退していく仕事もあります。

そこでです。親は「将来の職業はこれが安心」とか、「○○大学に進めば将来有望」などと思うかもしれませんが、そうした固定概念は捨ててください。自分が歩んできた道や成功体験から導く考え方を捨てることは、誰でも怖いものです。しかし、将来を見据えた職業選びを考えておく必要があることを、知っておいてほしいのです。

高校などの講演では、これから成長する、または生まれる分野について、

「**エコロジー**」

「**少子高齢化**」

「**暮らし**」

この3つのキーワードをもとにお話をさせていただいています。仕事には、さまざまな知識や専門性を持った人たちがかかわります。

次に、3つのキーワードをもとに、どんな分野の仕事ができるのかをあげてみました。（　）内は、大学や専門学校で学べる学科です。1つの分野においても学ぶべき学科は1つではないし、逆に、学科で学んだことも1つの分野でしか通用しないということはないのです。その子の特性がどこで生かせるかは、無限大です。

①エコロジー

- **CO_2を排出しない商品開発**
  ↓（理工学・バイオ・環境…）
- **地域の活性化**↓（社会学・政治・福祉・情報…）
- **新素材とデザイン性**
  ↓（理工学・デザイン・マーケティング…）
- **エネルギー・宇宙開発**
  ↓（電気工学*・サイエンス…）

*電気工学はスマートグリッドや宇宙開発など国レベルの仕事にもかかわれる。

②少子高齢社会

- **高齢者に優しい住宅・街づくり**
  ↓（デザイン・人間工学・社会福祉…）
- **女性が働ける環境づくり**
  ↓（政治・社会学・行政…）
- **リハビリ技術の向上**
  ↓（医療・福祉・生活科学・機械工学*…）
- **コミュニケーションの向上**
  ↓（語学・国際・教育・心理学…）
- **子どもや高齢者に安全なネット社会**
  ↓（情報・理工学・教育…）

*機械工学ではロボコンなどの大会にも出場できる。

③暮らし

- **生涯スポーツの向上**
  ↓（社会学・健康・保健医療…）
- **食生活や生活習慣**
  ↓（医学・家政・栄養・社会学…）

・医薬品や新素材の開発
↓（薬学・理工学・経営…）
・余暇とエンターテインメント、通信・メディア
↓（芸術・音楽・文化・情報工学*…）
*情報工学ではプログラミングが必須。

これから大企業の数は減っていきます。働き方への考え方も変わっていき、小商い（個人事業者や小規模な中小企業など）が増えていくでしょう。

会社に居座って、定年後は悠々自適な生活を送れる時代ではなくなりました。子どもたちが100歳まで生きるとしたら、この先80年以上も自分の力で生きていかなければなりません。そのためにも、親の意識改革が必要なのです。

元手を2倍にするには7万年以上かかる時代

私たちは働く対価としてお金をもらいますが、労働以外でお金を手に入れる方法が、自分の資産を運用することです。お金を不動産や有価証券などに換えて、それを売買・賃貸することでもうけを得られます。

このように運用する手段や、増やす目的があることが投資です。ちなみに、ギャンブルは投機といえます。そもそも、投資とは目的が違います。

それでは、貯金と投資の違いは何か、というと、貯金はお金を貯めることが目的で、投資はお金を増やすことが目的になります。

しかし、30年以上前では、貯金でもお金を増やすことが可能でした。銀行や債券の金利が6％とか7％もあった時代で、お金を10年間預けると2倍になったのです。

「72の法則」という有名な算式があります。元手のお金を2倍にするには何年かかるかという計算を、次の式に当てはめると簡単に求めることができます。

72÷金利（％）≒2倍になる年数

たとえば、100万円を銀行に金利0・001％で預けた場合、200万円になるまでに7万2千年もかかります。

逆に、100万円を10年で2倍にするには、7・2％の金利が必要になります。残念ながら、銀行の金利は超が付くほどの低金利。元本保証されている預金などで2倍にできるような時代ではありません。

一方でこの算式は、お金を借りるケースでも使うことができます。金利年18％（借りる金額が10万円から100万円未満の場合の上限金利）の場合、借りたお金は利息を含めて4年で2倍になってしまいます。無駄な利息を支払わないためにも、リボルビング（リボ）払いやキャッシングは、絶対に利用しないよう伝えることを忘れないでください。

子どもたちが生きていく時代は低金利で、ただ銀行にお金を預けるだけではお金は増えません。さらに、年功序列や終身雇用がなくなって社会の仕組みも変わり、国や会社に頼ることはできません。

子どもたちは、自分や家族、そして資産を、自分の手で守っていかなければならないのです。そのなかで、将来、お金を増やしたいと思ったときに、選択肢のひとつに投資という方法があるということを教えてあげてください。

経験こそが投資のメソッド

これまで学校では投資について教えてくれませんでしたが、2022年度の高校の学習指導要領に投資の教育が組み込まれることになり、多くの子どもたちにその教育を受ける機会ができるようになります。

ただ、留意すべき点は、これは投資について正しい知識を持たせることがねらいであって、自分にとって投資が必要かどうかを判断できるようになるための教育だということです。

お金が必要であっても、投資でもうけようという考え方ではなく、働いて収入を得ることが大原則です。投資は、収入に余裕があったり、ある程度貯まった資金ができてからの話です。

わが家の長女は中学2年生から証券投資を始めました。口座は未成年口座を開設できる証券会社を探しました。

投資の資金は、長女の貯金から彼女が決めた金額にしました。リスクにさらされることで自分が耐えられる限度の金額が8万円でした。これをもとに、ETF（上場投資信託）という取引所に上場する投資信託を購入しました。その投資信託では、毎年2％程度の分配金があり、最終的には基準価額（売却時の値段）は2倍くらいになりました。

もうかった分には税金がかかることも理解し、お金の教育を卒業する大学卒業時に証券口座を解約し、すべて長女に渡しました。

心残りは株主になれなかったこと。当時はスターバックスが日本に上場していて、長女はその株主優待が欲しくて購入を悩んでいました。そうこうしているうちに、株価が上がってしまい、買い時を逃しました。

投資を経験すると、経済の動きや企業について興味を持つようになります。自分が保有するETFがどうして値動きするのか、などを考えるきっかけになりますし、株式に興味を持てば、企業についていろいろと調べるようになるからです。

じつは、就活の際にも面接で為替など金融にかかわる質問があったようですが、何とか返答ができたようです。彼女は今、自分の人生設計を考えながら、資産形成を勉強中です。お金の教育の成果が現れるのはこれからでしょう。

現在、投資の方法や種類は多様化しています。身近な銀行や証券会社で取り扱っている金融商品もあれば、不動産投資やクラウドファンディングなど、投資の方法はさまざまです。

自分のお金がどのように生かされたいのかを考えることが投資の第一歩です。投資先が成長してくれれば、その見返りをもらえることになるからです。

おわりに

最後にもうひとつ、お金の教育で、大切な事柄をお伝えします。
お金の知識をはじめ、おこづかいを通して経験できることは、
子どもが生きていくうえで、重大な判断や決断をしなければならないときに、
正しい意思決定ができるようになるための、
「経験値という引き出し」になるということです。

一方で、お金というものは、足りなくなったり、無くなってしまうと
正しい意思決定ができなくなることがあります。
たとえばこのコロナ禍で生活が困窮したときに、
SNSでうまい話があったとしても、DMが来たとしても、
無視ができるような倫理観を持ってほしいと思っています。
大学生の息子に、私は毎日のように、
国の給付金を不正受給するような行動や手助けは

絶対にしてはいけないことだと伝えました。
ほんの軽い気持ち、友達もやっているから、なんていう言い訳は成り立ちません。
もしも、お金が足りなくなってしまったら、手元にあるお金の範囲で
生活する方法にシフトしていけるような考え方を選択してほしいと思います。
また、お金が足りないからといって投資に走ってしまうと、
リスクの限度はどんどん上がっていき、際限のない投資になってしまいます。
この世には、おいしい話は絶対にありません。
もちろん、投資にも絶対はありません。

お金を増やす方法を知っておくことも、自分を守るためには大切です。
ただ、人としての倫理観は、一滴も漏らしてはいけないのです。

お金という便利なアイテムは、子どもの目にはどう映るのでしょうか？
どう考え、どのくらいの距離感で付き合うのか、
お金の教育を通して育まれることを願っています。
お金のことを、ずっと大好きであってほしいと。

たけやきみこ

【著者プロフィール】

たけやきみこ
Kimiko Takeya

SAKU株式会社代表、ファイナンシャル・プランナー、２人の子の母。

小中高等学校、専門学校、地方自治体、金融広報委員会（日銀）などでパーソナル・ファイナンス教育の講演をおこなう。これからの時代、子どもに何があっても立ち直ることができる「生きる力」を身につけさせるためにはお金の教育が必要不可欠である、というのが持論。とくに、12歳までは家庭でおこづかいを通して「子どものこころ」を育てる〝おうちお金教育〟を推奨。

著書に『マンガでわかる！子どもにちゃんと伝わるお金の「しつけ」』（近代セールス社）、『一生お金に困らない子どもの育て方』（幻冬舎）、『12歳までにかならず教えたいお金のこと』（かんき出版）などがある。

大原由軌子
Yukiko Ohara

長崎県佐世保市出身。漫画家、イラストレーター。

京都芸術短期大学卒業後、グラフィックデザイナーとして勤務。2006年『大原さんちのダンナさん　このごろ少し神経症』（文藝春秋）でデビュー。実体験をもとにしたコミックエッセイを多数発表している。

著書に『大原さんちのムスコさん』『京都ゲイタン物語』『お父さんは神経症』（同前）、『大原さんちの２才児をあまくみてました』（主婦の友社）、『大原さんちのオモテウラ』（祥伝社）、『大原さんちの食う・寝る・ココロ』（集英社）などがある。

※本書は、2012年4月に刊行された『PTAで大人気のお金教育メソッド　一生役立つ「お金のしつけ」』（KADOKAWA）の増補改訂版です。

子《こ》どもの
一生《いっしょう》を決《き》める
おうち
お金《かね》教《きょう》育《いく》

2021年6月23日　　初版発行

著者　たけやきみこ
絵　大原《おおはら》由《ゆ》軌《き》子《こ》

発行者　青柳昌行

発行　株式会社KADOKAWA
〒102-8177 東京都千代田区富士見2-13-3
電話0570-002-301（ナビダイヤル）

印刷所　大日本印刷株式会社

●お問い合わせ
https://www.kadokawa.co.jp/（「お問い合わせ」へお進みください）
※内容によっては、お答えできない場合があります。
※サポートは日本国内のみとさせていただきます。
※Japanese text only

定価はカバーに表示してあります。

ISBN 978-4-04-680600-0　C0077